# ヘンな論文

サンキュータツオ

角川文庫
20638

# はじめに

はじめまして、「珍論文コレクター」のサンキュータツオと申します。普段は米粒写経という名前で漫才やったりしているお笑い芸人です。オフィス北野という事務所に所属しておりますので、今後ともどうぞお見知りおきを。

私は18歳から32歳まで早稲田大学に14年在籍しました。大学の学部5年、修士3年、博士6年で計14年。猫の一生とおなじくらいの期間、大学に通いました。私の専門は日本語学、領域としては文体論、表現論というところに属すると自分では思っているんですが、なんのことはない、お笑いのレトリックの研究をしている珍しい学者でもあります。いまでは一橋大学などで非常勤講師などやって口を糊《のり》していたりもするんですが、そんな芸人&研究者生活をしているときに、ふと気づいてはじめたのが、変な論文の収集です。

大学の図書館で自分の研究に関連のある論文を探しにいくと、たまーに、お目当ての論文の掲載されている雑誌に、変な論文が載っていたりするんですよ、「姫君の育て方」とか「〈なにを文句を言っているの構文〉について」とか。タイトルだけでもパンチ力のある論文がけっこう多い。すると、ほかの雑誌にはどんなものが掲載されているのだろう、ということが気になり、自分の領域にとどまらず、図書館にある論文誌を片っ端から眺めて、「う！　こんなことに人生の貴重な時間を割いている人がいるのか！」と脳みそしびれまくりの生活をしていたのです。

この本では、そんな私のコレクション、イグノーベル賞ならぬ「オレノーベル賞」の受賞論文の数々をご紹介します。なかなかみなさんご覧になる機会がないと思うのですよ、研究論文て。今日もどこかで、だれかが研究しているのです。以下、「ですます」体ではなくなりますが、論文を真面目に紹介したいと思います。

# 目次

はじめに　3
一本目　「世間話」の研究……7
二本目　公園の斜面に座る「カップルの観察」……25
三本目　「浮気男」の頭の中……43
四本目　「あくび」はなぜうつる？……59
五本目　「コーヒーカップ」の音の科学……79
六本目　女子高生と「男子の目」……99
七本目　「猫の癒し」効果……113
八本目　「なぞかけ」の法則……129
九本目　「元近鉄ファン」の生態を探れ……143
十本目　現役「床山」アンケート……157
十一本目　「しりとり」はどこまで続く？……169
十二本目　「おっぱいの揺れ」とブラのずれ……179
十三本目　「湯たんぽ」異聞……197

Column.1 論文とはどんなもの？……18
Column.2 小林茂雄先生訪問記……38
Column.3 研究には４種類ある……74
Column.4 塚本浩司先生訪問記……93
Column.5 画像がヘンな論文たち……124
Column.6 タイトルの味わい 研究者の矜持……191
あとがき 223
文庫版あとがき 231

イラスト 岡田 丈
デザイン 國枝達也

# 一本目「世間話」の研究

「奇人論序説─あのころは「河原町のジュリー」がいた─」
飯倉義之　2004年『世間話研究』第14号

## 衝撃の論文誌『世間話研究』

まず最初に紹介したいのが、飯倉義之さんが２００４年に発表した論文、「奇人論序説─あのころは「河原町のジュリー」がいた─」である。これは、『世間話研究』の第14号に掲載された論文。

ちょっと待てよ。まずもって、『世間話研究』という雑誌の名前どうなのよコレ⁉　ヤバくない⁉　世の中に、「世間話」を研究している人たちがいるなんて！　この時点で図書館でヒザから崩れ落ちた。雑誌のタイトルから想像するに、2丁目の田中さんの不倫疑惑について、とか、隣の家のトモくんが受験失敗したらしい、そしてその後バイトしていた隣町のスーパーで出会った元ヤンの娘と付き合ったんだけど、シンナー吸って補導されたらしい、みたいな中身なのだろうか。

そんなバカな、と思いつつもページを開いてみたら、ツチノコや、ハリマオや、畑を荒らすタコの噂話とか、キツネに化かされた話とか、そういう話を集めることに、人生の貴重な時間を割くことを生きがいとしている研究者たちの、孤軍奮闘なる研究の数々がズラリ！　ウソではない、事実なんだからしょうがない。信じるしかないんです。想像の右斜め上をいく内容！　ツチノコの噂話の研究者にいたっては、新聞記事に「ツチノコみつかる⁉」みたいな記事が出るたびに衝撃を受けている。「ドラえもんの最終回」についての噂話の研究をしている人がいる。

この雑誌は、存在自体が「人生と向き合う時間の大切さ」とかいう、正論のバカバカしさをあざ笑うかのようなすがすがしい研究の集合みたいな、ヒマをもて余した神々のギグみたいな論文誌なのである。どこが発行しているんだろうと思って、発行元を見たら、「世間話研究会」。情報が増えてないよ！　そんな会あるなんて学校で教わらなかった！　どこの井戸端なんだ。発行元を調べるとかれこれ20年以上続いている組織。こんな秘密結社聞いたことないぞ、と思っていろんな研究を読み漁《あさ》った。日本は、不況だなんだ言われているけど、こういう人たちがいるから大丈夫、と思えた。


で、ここで「世間話」とはなんぞや、という話になるのだが、これは日本文学で厳密に定義されているジャンルだったのである。ご存じの方もいるかもしれないが、世間話とは、井戸端会議みたいなものではなく、「昔話」、「説話」、「伝説」などとならぶ、口承文芸のひとつのジャンルなのだった。

場所や登場人物が曖昧なものが「昔話」（むかしむかしあるところに……の型）、「伝説」は登場人物は特定の人物（牛若丸、とか）なんだけど事実かどうか怪しい話、そして「世間話」は、語り手本人が、自分で経験した実際にあった話、などなど、語り手がいるとかいないとか、登場人物が特定できるかどうか、事実かどうか、などが、それぞれのジャンルを区分けする基準なのだそうだ。隣の家のトモくんは、だれにでも特定できる人物なのかどうか、そんなことも気になってくる。

そして「世間話研究会」の人たちはなにをしているのかというと、そういう「世間話」の類型（話の型）であったり、話の発展していくパターンとかを分析して、「昔話」「説話」「世間話」という連続的なジャンルのなかに共通する「物語」の成立の仕方を突き止めようとしている、というのは表向きで、きっとそういう話がただ好きで好きでしょうがないんでしょう。学者とは得てしてそういうものです。「やりたいこと」「知りたいこと」がまずあって、それにもっともらしい理由を後付けしているという、なんとも愛らしい人種なのだ。そうでも言い訳しないと、「いい大人がなにやってるんですか！」と奥さんとか実家とか大学に叱られたとき立場がない。ところで、いま「世間話研究会」に関する世間話をしている。激しくどうでもいい時間を提供してしまった。申し訳ない。

## 「河原町のジュリー」とは？

そして、この「奇人論序説」は、京都の河原町《かわらまち》、または三条大橋というところにいたという伝説的なホームレス、通称「河原町のジュリー」に関する噂を、文献、ネット、ほとんどすべてをしらみつぶしに調べ尽くした論文。計30ページにも及ぶ論文である。しかも巻末資料つき。雑誌論文でこの分量は、破格といってもいいくらい多い分量である。通常は、12ページ程度、という規定があるものなのだが、『世間話研究』は自由度が高い。「好き」を炸裂させてよい雑誌なのだろう。ジュリーに関することならば、と30ページの大特集に踏み切ったのだろうか。

そもそも「河原町のジュリー」とは何か。なんでも、1970年代に、京都の河原町というところに、「河原町のジュリー」と言われる、沢田研二さんに似た、けっこうカッコイイ顔で腰にまでつきそうなドレッドヘアー、全身黒い服をきて垢《あか》だらけのカリスマホームレスがいたらしい。

少し前に、『ヨコハマメリー』という、横浜にいる通称「メリーさん」という女性の足跡を辿《たど》るドキュメンタリー映画があったが、各土地に、有名な「街の顔」みたいな人がいて、素性は知れないけれどそのへんの地域の人は皆知ってる、といういわゆる「名物」みたいな人だったらしい。「主」（ぬし）は場所に宿る。

ホントかなと思って、京都近辺の出身者の知り合い10人くらいに聞いたところ、全員知っていた。いまの40代より上の人はみんな知っているかなりの有名人だったよう。その河原町のジュリーさんは、もう亡くなっているのだが、亡くなったことが新聞記事になったというくらいの方だったそうである。

で、飯倉先生は、ただ「河原町のジュリー」に関する噂話を集めただけではなく、そこは学者、ジュリーに関する噂を22項目にわたって整理した。ここが大人の「本気」のすごいところ。

「呼び方」、「活動時期」、「活動場所」、「居住地」、「髪と髭」、「体格」、「雰囲気（+）（−）」、「行動（+）（−）（±0）」、「消息」、「死亡報道」、「入浴死亡説」、等々。入浴死亡説ってなに？　って話なんですけれども。というか、活動時期とか活動場所って、なんだか大道芸人みたいな扱いになってるけれども。

そうしたらですね、

・実は意外と若くて男前
・某一流大学出身
・昔は社長
・エエとこのボン
・物乞いはしない
・貯金は一億くらいあり、世の無常を知り、好きでホームレスをやっている

など、およそホームレスらしからぬ裏設定が！　聖者のように思われていたらしいのである。ほかには、

・ジュリーが歩きまわると火事よけになる
・ジュリーに会うと近いうちにいいことがある

などといった、もはや拍子木とか福の神としか思えないような、神様的な噂まであったのである。ちなみに、入浴死亡説、というのは、福祉職員が、入浴をさせたあとに散髪したら、保温手段がなくなって凍死した、という「散髪死亡説」だったらしい。で、ここからが本題である。ほとんどすべての噂が「仙人のような哲人のような風格」と言っているように、なにか特別なオーラみたいなものがある、というのが、この手の「街のだれもが知ってる名物」になっている人に共通することなんだとか。いわゆる噂話に「尾ひれ」がつく、と言いますが、その「尾ひれ」のつき方には、やはり類型があるのだ。

噂って、「実は」って前置きがあるので、けっこう見た目とのギャップがあるものが多いよね。だから、ホームレスというフリがあるので、「実は」その逆、つまり金持ち、インテリ、誇り高い、みたいな部分に価値が出てくる。そして、センセーショナルなニュースとして人から人へと伝わってゆく。

この論文は、大きくわけると二章立てで「一、奇人たちの研究」「二、「河原町のジュリー」をめぐる冒険」となっている。ジュリーをめぐる冒険て。二章はさらに、「（a）ジュリーを追いかけて」「（b）ジュリーを写すことばたち」「（c）そして「伝説」へ」「（d）電子の国のジュリー」という四節からなる。完全にジュリーファン丸出しの構成である。目次だけ見たら完全に沢田研二ファンだ。

なぜこの論文が30ページもの大長編になったのかというと、本編13ページのほかに、全20にわたる注釈と引用・参考文献、さらに12ページの「資料」がついているからであるが、ここがむしろメインディッシュといっていい。「注14」には重大な指摘がある。

　ここに挙げた〈大きな意味での「話型」〉を細かく記述する紙幅はないが、ざっと触れておきたい。「乞食に身をやつした権勢者」は「鉢の木」の時頼廻国伝《ときよりかいこくでん》説《せつ》や水戸黄門漫遊記など、繰り返し現れる「話型」といえる。「落魄《らくはく》の富豪」は紀伊国屋文左衛門の逸話として伝えられることが多い。現代においても、バブル期に急激に成長しその後破綻した企業の取締役や、悪徳商法や汚職等で世を騒がせた人物の服役中・出所後の様子を伝える記事などにこの「話型」は用いられる。「超俗清貧の聖人・哲人」も弘法伝説を始め、松尾芭蕉や左甚五郎などが「人に軽んぜられた汚い翁が卓越したわざを見せ、周囲を驚かす」話もこの一部として考えることができる。近年ではテレビで芦屋雁之助が山下清を演じた「裸の大将」もこの「話型」を利用していたなど、実に根強く好まれる「話型」である。［全てを放棄した栄達者］は、仏教説話の発心譚と同様の「話型」であるが、現在流行中のエコライフ・スローライフの紹介記事などに繰り返し現れる「都会の忙しさに疲れ、人間らしい生活を求めて田舎暮らしをはじめた○○さん」というものいいもまた、同様の「話型」ということができる。（68頁［注14］）

どうだろうか、こう読んでいくとはじめてこの論文がやろうとしていることがわかる。人はわからないものや計り知れないものを、どうにか「物語」に落とし込んで理解しようとする。外れたもの、異形のものを語るときにも、安定した「物語の型」を古くからいくつももっているということだ。ここにこの論文が見つめる「人間とはなにか」ということを考える姿勢がある。

さらに興味深いのは、この飯倉義之さんの論文は2004年に発表されたものなのだが、ここにすでにネット上にアップされた「ジュリー」に関する世間話がデータとして収録されていることだ。それまでは口伝《くでん》で広まっていた「世間話」が、2000年代からはネットで広がっていく。そして、採取できるような形でテキスト化され残っているのだ。

## まさかの後日談ジュリー解剖

この話には後日談がある。この論文を、TBSラジオの『荒川強啓デイ・キャッチ！』で紹介しようと思ったら、おなじ日の番組コメンテーター・山田五郎さんと、スタジオでお会いした。五郎さんはいつもご挨拶がてら、「今日はなにをやるの？」と聞いてくださるので、「今日は、奇人の研究、河原町のジュリーという人の研究をした論文です」と返したら、「え⁉」と返答。山田さんは小学校高学年から高校まで関西にいらした方だから、「さすが、ご存じですか⁉」とうかがったら、「いや、知っているもなにも。妹が解剖に立ち会ったんだよ」

「えぇ⁉」

聞けば京都の医大にいらっしゃった妹さんが、亡くなったジュリーの遺体解剖に立ち会ったのだそうです。

こんなこと、あるだろうか。調べていくと、このような情報が、磁石に集まる砂鉄のように寄ってくる。

今日まで、関西地区、とくに京都界隈《かいわい》に住んでいた友人、知人にジュリーに関して聞いてまわっていたが、ここまでビックリする証言はなかった。もちろん、河原町のジュリーはどの人も全員知っている有名人だったのであるが、生身のジュリーを、しかも遺体となった時点で確認している人が近親者にいるという人はいない。これは個人的大スクープであった。やはり、最後は直接、人の口から口へと伝わっていく。ネットで不特定多数が相手となっていると言えないようなことも、結局は面と向かった人には言える。そして、情報として伝わっていくのだ。こんな新情報も出てきたりするから、珍論文収集はやめられない。

こうして語られているという点では、河原町のジュリーはまだ、生きている。

## Column.1　論文とはどんなもの？

ここでおおまかに「論文」とはなんぞやということを説明しておきたい。

実は、多くの「卒業論文」とは、論文という形式ではあるし大学の図書館に所蔵もされるのだが、学術誌に掲載されなければ、だれでもが読める環境にないものなので、学問的には存在しないに等しいものである。

たまに、優秀な卒業論文が、大学発行の雑誌に掲載されているのを見たことはないだろうか？　あれは、卒論の指導教授が査読して、ある水準に達しているとみなしたものを、学術誌に推挙して掲載してもらっているものである。そうなると少なくとも国会図書館にいけば閲覧できるため価値のある研究、ということになる。

修士論文も同様だ。大学院は「修士課程（博士前期課程）」と「博士課程（博士後期課程）」にわかれていて、修士論文を書くと「修士号」、博士論文を書くと「博士号」を授与される。つまり、実はいわゆる卒業論文というのは「学士課程」の学士論文で、書くと「学士号」をもらえるよ、というものなのだ。落語家さんでいう、前座（学士）、二つ目（修士）、真打（博士）みたいなものだ。修士課程は、本職でやれるかどうかを見極める期間なので、修士でやめてしまう研究者とか見ると、もったいないなァと思ったりする。教える側もそれなりのエネルギーをかけて育てるので、修士でやめるかどうかは、事前に指導教授に言っておいたほうがいい（少なくとも資格取得系の大学院でなければ）。

ちなみに、論文のグレードが高くなっていくにしたがって、「査読」というシステムがより頑丈なものになっていく。卒論（学士論文）は指導教授1人でもよいが、修士論文は2人、博士論文は最低でも3人が査読をする。博士号は博士号取得者からしか与えられないので、3人の査読者のうち1人は博士号をもっていなければならない。博士論文の公開審査は、わりとドラマチックだ。落語でいえば真打昇進を師匠方に認めてもらう儀式を公開にしているようなものなので、ぜひ覗《のぞ》きに行っていただきたい。

つまり世間一般で言われる「論文」というのは、修士号取得以降の研究者が書いた、雑誌に掲載された論文のことを指す。

雑誌には主に2種類ある。「紀要」という大学が発行している雑誌と、「論文誌」という研究領域をおなじくしている人たちが投稿しあう雑誌だ。

「紀要」は、ざっくり言うと大学の業績をまとめた雑誌。その1年、その大学はどんな研究者がどんな研究をしたのか、それがわかるものだ。大学の価値そのものだとも言える。が、なかなか大学生たちが読まないのが残念！　査読は、大学院生の書いたものなら指導教授だけ、あるいは2人。指導教授自らが書くのも紀要。投稿のハードルが低いのがいい。

「論文誌」は学術雑誌とも言うが、ジャンル共有型の雑誌。『国文学研究』という雑誌だったら国文学を扱っているし、『質的心理学研究』だったら心理学のなかでも質的心理学というジャンルを扱ったもの、という意味だ。論文誌にはヒエラルキーがあって、一番権威があるのが一流の先生方が理事に名を連ねて、複数人で査読する全国流通の雑誌。「トップジャーナル」と呼ばれている。こういう雑誌に掲載される論文は、指導教授だけでなく、全国にいるそのジャンルの大家が「掲載してよし！」と太鼓判を押したものなので、大きな研究業績になる。その下には、査読が甘いもの、査読人数が少ないもの、そもそもの会員が少ないジャンルの雑誌、そして同人誌、というように査読の有り無しなどで学術的価値が決まっていく。論文誌は文系だと年1回か2回発行、理系だと年に何回も出ていたり毎月出ているものもあって、研究のサイクルの早さが理系と文系でずいぶんちがうことに戦慄できる。

優秀な研究者や、大学の価値を決める要素にもよくあがる「引用率」というのは、こうした雑誌掲載論文が、どれだけ後年の人に引用されたかでその影響力をはかる、といったものである。その論文を踏まえないと新しいことが言えない、前提としなければその議論はできない論文だ、と認めることが「引用」という行為だからだ。なので、研究では引用に関してはもっとも厳重であり、コピペや盗用は絶対にやってはならないこととされている。これは学部レベルでも教育されていることだ。だから先生たちは引用元は？　参考文献は？　としつこく聞いてくるのだ。

ちなみに私の在籍していたころの早稲田大学では、「全国査読付き」の一流誌への掲載論文が３本、あるいはそれに相当する業績がなければ博士号を取れなかったので、事実上無理ゲーであった。

博士号は、博士課程在籍中か修了して３年以内に博士論文を提出して取得する「課程博士」と、それ以降に、課程博士のおよそ倍以上の質と量を兼ね備えないと取得できない「論文博士」がある（文系だとだいたい原稿用紙で１０００枚くらい！）。論文博士は、若い頃優秀すぎた大学の先生が、博士号を取る前に就職してしまったがゆえに、定年してからとか定年間近とか弟子ができてから取る、みたいなやつだとも言えるが、たまに40歳くらいでいきなり取る人もいるからすごい。就職難だから博士号がないと生きていけない、あっても生きていけないって時代だからかなァ。あと、海外で取る博士号に「Ph.D.」というのもある。これはなんかミステリアスでカッコいい。

ではこの本で紹介している、奇天烈な論文たちがどういう雑誌に載っているか。ここまで読めばそろそろ鼻が利いてくる人もいるかもしれない。そう、「査読が甘い雑誌」である。つまり、大学の紀要であったり、論文誌でも趣味性が高く、コッソリ発行している「コッソリ系雑誌」たちだ。査読が甘いということは悪いことではない。そういう雑誌にこそタガを外して思い切り言いたいこと、やりたいことを追求している人たちがいる。あるいは、やっつけでやっているように見えるアンケート系論文などに、意図せず女子大生の生態が見えてくるものがあったりする。一番気が抜けないのは、そのジャンルの流行ではない手法やテーマをあつかった論文が、査読の甘い雑誌で、ひそかに時代が変わるのを待ちながら投稿されている場合だ。彼らはパラダイムシフトが起こる時を、ただひたすらに待ち、淡々と己が道を究めているのだ。

しかし、たまーに全国査読付きの雑誌にも、珍奇な論文があることもあるからこの趣味はやめられない。その領域全体がボケているような、なんでこんな研究している人がいるの⁉ というのがウッカリ正しいことを言っているときもある。

　こうなると、図書館の論文コーナーをかたっぱしから覗いてみたくなりませんか？ すべての論文は、人が膨大な時間を賭して書いたものである。なんでこんな研究をはじめてしまったのか。それを考えるだけでも楽しいものなのだ。

# 二本目
# 公園の斜面に座る「カップルの観察」

「傾斜面に着座するカップルに求められる他者との距離」
小林茂雄、津田智史　2007年　『日本建築学会環境系論文集』第615号

## 「傾斜面に着座」ってなんだよ

ここで紹介するのは、かんたんに言ってしまえば、公園の土手に座っているカップルを観察した論文である。それがタイトルになると、「傾斜面に着座するカップル」。たしかにそうなのだろうが、どこか大げさである。

内容は、カップルが「人目を気にせず」に座れる、その「人目」とカップルとの距離はどれくらいか、それを計測したというもの。具体的には、夕方から夜間にかけて、カップルがいつ座り、いつ立ち上がったか、そのとき、他人との距離はどれくらいだったか、そしてカップル同士の距離はどれくらいだったか、をすべて「目視」で計測したというものである。

いったい最終的になにを知りたくてこんなことをしたのか？

人はそれを「のぞき」というんじゃないか？　大丈夫か、おい⁉

## 学問は研究室で起こっているのではない、現場で起こっているのだ

論文を読むと、観察は、24時間一般開放されている広場、「横浜港大さん橋国際客船ターミナル」で行われた模様。

場所の選定理由は、「山下公園や横浜マリンタワーが見渡せ」て、「一日を通して」

だれかしらいて、「夜間は美しい夜景が見えるためか、カップルが多い」からだという。ここまではのぞきのプロでも言いそうなことだが、この論文の著者は、データに「揺れ」があってはならない、と、なんと予備調査までしているのである！

予備調査とは、ちゃんとしたデータをとるため、調査の前に、果たしてその場所が適切なのか、本当に人は来るのか、来たとしてどれくらいの人数なのか、ということを下調べすること。この作業をしておかないと、そのデータは有意ではない（つまり信用できない）、と学会でツッコんでくるセンセイたちがいるのだ。

予備調査は、昼間から深夜にかけて計5日。そして、本調査は、17時から22時30分まで計4日。おいおい、予備調査のほうが長いじゃないか！　しかし、予備調査期間のほうが長いということは、それだけ念入りに下調べをしたということでもある。そして4日にわたる時間帯を限定した調査で、長い年月の風雪に耐えるだけの確かなデータが取れる、ということがわかったのだろう。

こういう、「実際にあること」を調査する方法を「フィールドワーク」というのだが、フィールドワークの欠点は、果たしてそのデータが、特殊なデータなのか、普遍性のあるデータなのか、ということがなかなかわからないところだ。たとえば、言語学の一領域である方言研究の場合、実際に地方に住むおばあさんから話を聞いて、「この地域はこういう方言を使っている！」などということを調べるのだが、取材対象が1人だけだと、「それは彼女のしゃべりグセであって、その地域全体の傾向かどうかわからないよ」とツッコミが入りかねない。

それを防ぐためには、ある程度まとまった量のデータが必要で、何百人にも聞き込み調査をしたりして、「地域の特徴」と「個人の特徴」の選別をしなければならないのだ。

その点、この論文は、フィールドワークによってサンプルをたくさん集め、有意（信用できる）なデータにした点で、1000年後にも残るであろう大偉業である。統計学にきちんと基づき、「たしかにその通り！」と言われるだけのデータにするまでには、大変な労力が必要なのだ。

この大調査には、おそらく小林茂雄先生のゼミ生が駆り出されたことであろう。「う、オレは、ワタシは、こんなことをするためにゼミに入ったわけでは……」と、双眼鏡を片手に、蚊にあちこち刺されながら調査した感じが、文面から透けてくるではないか。まさに汗と涙の結晶。学問は現場で起こっているのである。

## 驚異の動体視力

実際の調査は、カップルたちを遠巻きに眺めて、彼らが「どれくらい滞在したか（滞在時間）」「どんな姿勢だったか（姿勢）」「どれくらい密着していたか（密着度）」

を計測するというかたちで行われた。

なかでも気になるのは「密着度」。なんと5段階に分かれている！「離れている」「寄り添う」「手を繋ぐ」「肩や腰に手を回す」「抱き合う」。え⁉「抱き合う」にもさ、いろいろ段階あるじゃん！　そこもう少し教えてよ！　という、スケベ心をくすぐられるポイントもあるが、そこはこの研究の目的ではないようだ。

そして、実際どれくらいのカップルを調査したかというと、滞在者数７０４名というのである。ななな、７０４人⁉　単純計算、カップル数でいうと半分の３５２組。それを4日間だから1日88組。1日5時間半の調査だから、なんと1時間に16組！

では、「調査方法」というところをくわしく見てみよう。

「横浜港大さん橋国際客船ターミナル」の許可を得ているのだろうが、次に挙げるとおり不審な行動の数々……。

・「観察は、カップルたちのプライバシーを侵害しないことに細心の注意を払った」
　――そりゃまあ、そうだろう。「調査されてる！」と気づかれたら終わりである。

・「20代の男性3名、女性3名の調査員が男女1名ずつ組んで観察」

——なにぃ!? 調査する方もカップルだったのか! カップルがカップルを調査する——なんかカップル喫茶的な感じもしないではないが、20代の血気盛んな男女が、調査のためとはいえカップルになるとは。これがアニメとかだったら、完全にくっつくパターンじゃないか!

興奮を抑えて冷静にこの論文に書いてあることを受け止めると、つまりは3組の〝擬似カップル〟が、1時間平均16組のカップルを肉眼で確認したということである。1組平均1時間に5組前後だから可能な数だろう。

・「基本的に芝生を上がったところの通路に、立ったり座ったりし、位置を移動しながら観察することとした」

——完全に不審者だろう。いくらカップルを偽装しているとはいえ、周囲から浮き上がっていたに違いない。

・「観察はすべて目視で行い、手書きによって記録した」

——まるで『家政婦は見た!』の市原悦子ばりの泥臭い調査方法である。でも、家政婦と違って、擬似カップルはほんとうのカップルに「いまなんで立ち上がったんですか?」とか「どれくらいの距離だと人目が気にならないですか?」などと聞けないことは言うまでもない。

・「人物が特定できたり細かな動作が分かるような撮影は一切行っていない」

——これ、受け取りようによっては、おおまかな動作が確認できる程度の撮影はしたようにも思える記述だ。いいですね、こういう味わいのある表現は。私のような論文マニアは、こういう、「言外の意味」にも注目して論文を読んでいる。目くじらを立ててはいけません。

・「利用者への聞き取りは行わず、属性（年齢）などは調査者による主観的判断に基づくものである」

——よく、論文に「主観的判断」という記述が出てくるが、これがまさにそうである。その人が「25歳にみえた」といったら、25歳とする、ということだ。信用できるのか、と言われるかもしれないが、私の感覚でいうと、〝その道〟に詳しい人の「主観的判断」は、往々にして間違っていないものだ。主観的判断だけど。あと、それ以上調べようのないものを、ひとまず著者の主観的判断で分類する、みたいな方法もある。しかし研究者たちは、主観の頼りなさをだれよりも知っているので、いろいろなことがわかっていくなかで、「あ、この判断やっぱり間違いだったわ」

と、自説を下ろす準備はいつでもできている。真の学者は、自分のプライドよりも、とにかく「真実」に重きをおく。彼らは「いままでわからなかったこと」が知りたいだけなので、自分の正しさを主張したい、ということはないのである。

## ポイントは「5m」

調査の結果、わかったのは、以下のようなことだった。

・カップルがどこに座るか、ということを決めるとき、夜のほうが、「人目」を「後ろに離れているか」という点で気にする（また、他者との距離が2〜3mだと座らず、5mくらいあると安心して座る）
・5mより近いところにだれかいると、滞在時間が短くなる
・他者との距離は、カップルの密着度に影響を与える（まわりにだれかいると、くっつけなくなる）
・他者との距離は、夜間よりも夕方のほうが長い。男性より女性のほうが距離を気にする
・3m以内にだれかいると「手を繋ぐ」ことに抵抗を感じ、5m以内にだれかいると「肩や腰に手を回す」ことに抵抗を感じ、6m以内にだれかいると「抱き合う」こ

とに抵抗を感じる
・夜のほうが、夕方よりは距離を気にしなくなる（その理由は「明るいときに密着することに恥ずかしさがあることと、他者から見られることを強く意識すること」）
・だいたいのカップルは「手を繋ぐ」
・抱き合っているカップルは、4日で計18組いた！
・一方で、他者がいたほうがいい、というカップルもいる（「周りにカップルがいたほうが安心できる」「他者がいたほうが安心」などが理由）
・海岸沿いに座っているカップルに比べて、傾斜面に座っているカップルは、「左右」よりも「前後」の距離感、「後ろ」を気にする

「他者がいたほうがいい」と聞くと、「変な趣味があるのかな」と勘ぐってしまうのだが、まだ日の浅いカップルの場合、女性の側からすれば、近くにだれもいないと不安を感じてしまうだろう。だから、だれもいないよりは、5ｍくらい離れている状態にだれかいると安心ってことなんだろう。男性はこういうデータに基づいて行動すると、彼女に引かれずにすむわけだ。

## 研究の本懐とは

　ところで、この論文の著者である小林茂雄先生は、対人距離の研究をしている。対人距離とは、「自分と他人との距離」のことである。この距離が離れているうちは他人の存在は気にならないのだが、距離が縮まってくるとたんに気になってくる。これは実感として、おわかりいただけると思う。あなたが男性なら、小用の際に、すぐ隣で用を足されると何だか落ち着かない気持ちになった経験はあるだろう。

　この「他人の存在が気になり始める距離、空間」のことを、心理学の用語で「パーソナルスペース」という。そして、小林先生がこの論文を書いた動機は、「パーソナルスペース」の主体が1人ではなく2人になったときはどうなるのだろう、というところにある。つまり、「自分の領域」を「恋人同士の領域」に広げて調べてみたということである。

　ちなみに小林先生は、この研究に先立って、次のような研究をすでに行っている。論文のタイトルは、「線状に滞在するカップルに求められる他者との距離」で、こちらは傾斜面ではなく、海岸線に並んで風景を眺めているカップル同士の距離を測るというものである。海岸線とな!?

線状でも傾斜面でもどっちゃでもええわ! と思う人もいるだろうが、「海岸線」

論文で計測したのは「横の距離」。それに対して、「傾斜面」論文は「前後の距離」である。131ページに調査の結果わかったこととして、〝「人目」を「後ろに離れているか」という点で気にする〟というものがあったが、これは、海岸線と傾斜面の両方を調査しないと見えてこなかった結論なのである。おわかりいただけただろうか、この論文が、実はそこまで緻密な意図を秘めたものだったということが！

この研究が役に立つのか立たないのか、ということは、現時点ではなんとも言えない。ただ、たとえば飲食店などにおいて「居心地のいい空間」とはなにか、ということを考える上では非常に役に立つと思う。カップルを意識した飲食店の場合、テーブルどうしの距離は5メートルくらい離れているのが理想であるということが、この論文からわかるだろう。

居心地のよさについては、これまで感覚的に論じられてきただけだが、それを、実際にフィールドワークで調査して、その結果を数値化、つまり感覚を可視化した。そういう意味では、小林先生の論文は珍論文どころか、本当は偉大な研究だったのだ。

## 後日、先生から直々に連絡が……

この論文を、TBSラジオ『荒川強啓デイ・キャッチ！』で紹介したところ、後日、執筆者の小林茂雄先生から直々にご連絡があった。のぞき呼ばわりしたから怒られるのかな、と思いきや、感謝の言葉の数々……。驚くとともに、そのお心の広さに、ほっと胸をなでおろした。

さらに、驚いたことには、

「調査に当たった3組の〝擬似カップル〟のうち、1組が本当にカップルになってしまいました」って！　えーっ！　ときめきメモリアル！

小林先生に、「いまはどんな研究を考えていらっしゃいますか？」とうかがったところ、「すでにカップルとなっている人たちよりも、カップルになる前の人たちが、はじめの一歩を踏み出す状況についてのほうに関心があります。空間形状や動線、照明などの建築の力で、踏み出すことを後押しできるのではないか、ということです」とのお答え。

調子に乗った私は「ラブホテルの研究なんかどうですか？」と不躾な提案をしてみた。すると、先生は苦笑しつつも、こう答えてくださった。

「それにも興味があります。エントランスの周辺デザインによって、どういうタイプのカップルが入りやすいか調べたら面白いだろうな、とまでは思ったのですが、学生が引いてしまったのと、現実にそういうことを調査するのは倫理的に難しいのであきらめました」

やはり当然考えていたようだ。もし、実現していたら、学生カップルがさらに増えただろうに……。

しかしどうだろうか。倫理的にはいけないとわかっていても、ここまで先生の研究の足跡をおさえてくると、「それは知りたい！」と思えてきませんか？　思った人には論文ハンターの血が流れています。研究者の気持ちがわかってきたでしょう。

## Column.2　小林茂雄先生訪問記

小林茂雄先生の論文は、ここで紹介したもの以外にも
「喫煙所における見知らぬ他者への声のかけやすさ」

「対面中における携帯電話の使用を促進・抑制する空間的特徴」

「深夜の繁華街に顕《あら》われる路上滞留行動の特性」

「鮮やかな光色で照明された食品に対する食欲」

といった論文など、タイトルだけでもそのファンタジスタぶりが伝わってくるものばかりだったので、いてもたってもいられず先生に会いに行くことにした。

東京都市大学の世田谷《せたがや》キャンパス。ほぼ環八沿いにある、旧・武蔵工業大学のこの大学の建築学科は、想像もしないほどモダンな建物だった。建築学科はなかでもデザインなども考え抜かれていて、吹き抜けがあったりくつろぐスペースがあったり。

考えてみれば、大学をはじめとする「学校」という空間には、普通は自分が通ったところしか足を踏み入れない。休日には大学散策、なんていうのも、大学密集地域である東京都内の楽しみかもしれない。ちなみに個人的なイメージだと国

公立大学は土地に余裕があるのか、不思議と「池」が多い。

　さて、小林先生。スラリとした長身で、話してみても人当たりのいい感じ。ゼミ生からの人望も厚い。私が知る先生たちのなかでも、研究が学生に理解されている数少ない例だ。

仕切りがほとんどなく開放的。いまでいう外資ＩＴ企業の職場のよう。

「40を過ぎたら論文はあまり書きたくなくなった」というほど、若き日の小林先生は論文の鬼であった。年間に4、5本をコンスタントに発表する、まさに驚異的なペースで、主に「照明」に関する研究を起点として、照明が空間やそこにいる人間の行動にどういう影響を与えるか、といったことを明らかにしてきた。しかし、これは優秀な学者によくある傾向なのだが、論文誌の影響力の小ささと、変わらない読者層に対して飽きてきてしまって、あるときから論文を書くことをいったんやめてみる、なんてこともするのだ。

　どんなことに興味があるのかうかがってみ

ると、「人が観察できないところで、カップルがどういう行動をしているのか知りたい」との答え。気持ちはわかるが、事情を知らない人からしたら完全に覗《のぞ》きである。しかし、空間を考える上で、「人目」が人の行動にどう影響を与えるのか、なによりも知りたいところなのだろう。

理想的な公園ってどんな公園ですか、とうかがうと、「公園という区切られた空間ではなくて、街中で人が溜《た》まりやすいような、そんな場所がある街」という、公園の定義を揺るがす返答。なんでも先生は神戸の山側で育ったらしく、小さいころは街に出ると、いろんな人がたむろしている空間がたくさんあったそうだ。現在、人が自由にくつろげる場所は減った。公園は区切られ、その公園でさえ、寝っころがれないようにベンチには仕切りがつけられたり、子どもに声すらかけてはいけない。

心からくつろげて楽しい公共空間とはなにか。先生の興味はまだまだ尽きない。一般書や新書への執筆も期待したいところだ。ちなみに、私は先生から、恋愛下手でも空間を利用して恋愛上手になる方法論に関する書籍の原稿を預かっている。頓挫《とんざ》してしまった書籍らしいのだが、出版したい編集の方がいたらどうぞお気軽に連絡をください。

小林茂雄先生の主な著書
『写真で見つける光のアート』『Lighting by Yourself』『ストリート・ウォッチング』『街に描く』

検索⇓小林茂雄研究室
（東京都市大学 建築学科小林研究室ＨＰ http://kobayashilab.net/）
更新頻度も高く、ゼミでいろんなイベントへの取り組みも行っている。過去の論文へのリンクもあるので一読をオススメしたい。論文の一覧とＰＤＦもある。

小林茂雄先生、若くして多くの論文を執筆した東京都市大学の獅子である。「論文書くのやめようかと思って」とおっしゃっていたが、優秀な研究者ほど、よくこう言うのを耳にしてきた。せまい業界でだけ評価されるのに飽き、見据える地平はさらに遠くにある。こういう人だから、私のような門外漢につっかかられても、喜ぶのである。すごい。

# 三本目
# 「浮気男」の頭の中

「婚外恋愛継続時における男性の恋愛関係安定化意味付け作業
―グランデッド・セオリー・アプローチによる理論生成―」
松本健輔　2010年　『立命館人間科学研究』21

## 「バレてない不倫」研究

ご存じだろうか？

日本人既婚男性における浮気経験者は、50・8％と、半数以上におよぶということを!! この数字、多いのだろうか？ それとも少ないのだろうか？ 私は多い気がするのだが。

いきなり衝撃的な数字から入ったが、浮気や不倫、要するに「婚外恋愛」がこれだけ多いというのはどうやら事実らしい。独身の私にとって、まったくもってうらやましい限りである。すでに結婚している上に、さらにそれ以外の女性とそういうことになるなんて、私からしたらエベレストに登頂した後に、月面に着陸するくらいのミラクルとしか思えないのだが、実際にそういうことを成し遂げている男たちがいるらしい。思いあたる人は勇気をもって手を挙げてほしい。怒らないからその方法を教えてほしい。

どこからが浮気や不倫になるのだろうか？ 女性と2人きりで会った瞬間からなのだろうか？ それとも脳内で妄想するだけでもそうなるのだろうか？ この論文ではそんな平和な議論ではなく、ぶっちゃけ「一線を越えてしまった」というところでハッキリ線引きしているのでわかりやすい！

では、そんなモテ男たちの心理状態とはどうなっているのだろうか？

今回取り上げるのは、奥さんにバレずに不倫をしている男性たちの心のなかで、どういうことが起こっているのか、ということを調べた論文である。

不倫をする男など女性の敵、弁護の余地なし、社会的に考えたら100パーセント悪。しかし学問にタブーはない。むしろ、社会的タブーに、善悪の判断を超えた知見で切り込むところが学問の魅力でもある。

そもそも「不倫」「浮気」という言葉、ちょっと社会的に「悪」と決め付けられていやしないだろうか？　たしかに悪いことなのだが、「悪」と決め付けて調査するより、フラットな視点で調査すべきである。そういうニュートラルな気持ちが、この論文のタイトル「婚外恋愛」に表れている気がする。実際、この論文では、「浮気」「不倫」はすべて「婚外恋愛」と表現されている。「婚外恋愛」というと、ともすると月9ドラマのタイトルにもなりそうな漢字4文字だが、そこには右に挙げたような高い志があることを読み込んでいただきたい。

かつて、「不倫は文化だ」と言い放った〝裸足の王様〟がおりました。文化とまでは言わないが、なぜ婚外恋愛をするのか、そして婚外恋愛をしているときはどんな気持ちなのか⁉　夫の不倫に悩まされた経験のある女性読者は、再発防止のためにも、彼らの気持ちを知ることに意味はあると思う。また、不倫願望のある男性読者には、有益な情報をもたらしてくれるかもしれない。もちろん、単なるミーハー根性で読むのもＯＫ。フラットな書き方で著された論文ゆえに、読者は自由な読み方ができるのである。これこそ学問の醍醐味《だいごみ》。

## 選ばれし6人

論文の筆者は、数々のデータをもとに、

「妻に知られているかどうかは別として、婚外で恋愛をしながらも妻に離婚届を出されない人たちがかなりの数存在することが推測される」

と不気味な推測をしたうえで、まず、知人の紹介を経て、婚外恋愛経験のある男性10名にインタビューを行った。知人の紹介ってなんだよ、ということだが、おそらくその知人の周りに、「オレ、不倫してんだよね」ってことを公言している人たちがいたのであろう。迂闊《うかつ》にもほどがあるが、居酒屋で武勇伝として、あるいは打ち明け話として、こういう話をするのはよくあることだろう。


ともあれ、彼らの存在がなければ論文は成り立たない。私はこの筆者に言いたい、「よくぞつかまえた！」と。

その10名のなかで、
①夫婦関係に不満がない
②奥さんとの関係は良好
③奥さんへの愛情がある
④彼女とも真剣
という4つの条件を満たしている人が6名。この6名が今回の論文の取材対象となった。

おいおい、そんなパーフェクトな男って実際にいるのかよ！　男としての完全試合じゃないか！

率直に言おう、彼らに学びたい！　彼らがどういう経歴で、どういう容姿なのかは公表されていないが、いずれにしてもその心理だけでも垣間《かいま》見たい。「婚外恋愛した気持ち」になって、モテ男ぶりをヴァーチャルで体感してみたい！　いつも私がアニメを見て擬似体験していることを、この人たちは現実世界で達成しているのだ。

取材は、ICレコーダーを前に、本人が特定されないかたちで、「婚外恋愛に至った経緯とそのときの気持ち」「婚外恋愛を通して考えたこと」「夫婦関係の変化」「どう考えが変わっていったか」をしゃべってもらう、というもの。

で、婚外恋愛している自分のなかに、どういうストーリーがあるのか、を聞き出したわけである。ちょっと、ドキドキしてきましたネ。脳内で勝手に彼らの顔にモザイクがかかり、音声変換しはじめてませんか。

もちろん、取材をまとめただけでは、女性週刊誌の特集でやっていることと変わらないので、この論文は、彼らの話をもとに、心理学的な「意味づけ作業」、つまり、「男がどういう言い訳やストーリーをつくって、心のバランスを保っているのか」を明らかにしているのである。

6名ではデータとして少ないのでは、と思う方も少なくないだろう。しかし、心理学では「質的研究」と言って、多数のデータによって統計的に調査する方法とは別に、少ない人数のなかに共通する言説や心の動きを細かく調査する手法がある。この論文は、後者のタイプの研究である。

## 婚外恋愛ができる男たちの実態

まず、ここで紹介されている、奥さんとうまくやりながら婚外恋愛している人たちがどういう人たちなのか。論文の結果を踏まえてお話ししよう。

### (1) 奥さんへの愛情表現は完璧!

奥さんと愛人とで二股《ふたまた》をかけた場合、当然新鮮味のある愛人のほうに愛情が偏るのかな、と思いがちだが、実は両方とうまくやる男は、奥さんへの愛情表現が完璧なのだそうだ。

彼らの行動に共通するのは、「日常生活の家事を協力する」「記念日はかならずサプライズをする」「毎日愛してると言う」などなど。器用すぎる！

ここからは私個人の考えなのだが、ひと昔前の男だと、浮気をした次の日にいきなりプレゼントをするとか、いきなり愛情表現をするとか、「いきなり感」が罪悪感の裏返しとして表れるわかりやすいタイプがほとんどだったのだろう。だが、いまはちがう。常日頃から愛情表現をしているがゆえに、「いきなり感」もなく、奥さんに疑われることもないのだ。世の奥様方、いかがでしょうか？　まさか毎日「愛してるよ」と言ってくれる夫が浮気などするわけがない……そう思う心のスキマを狙って、この男たちは愛人をつくっているのである。

なるほど、1人の女性を幸せにできない男が、2人も面倒を見られるわけがない。1人を満足させて、なお力がありあまっているからこそ、2人目に向かうのだろう。マメでタフな男はいるものである。こういう男性は、えてして仕事もできる。自己管理がとても上手なのだ。お金も時間もうまく使いこなせてこその婚外恋愛。正直、この時点で私にはできないことを確信した。「オレにもできそう」と思った諸君は、以下も参考にされたい。

（2）でも奥さんには慣れきっている！

彼らは奥さんにせっせと愛情表現をしているとはいえ、奥さんには女性としての魅力を感じなくなってきてもいる。愛情表現と「愛情」は別だと！

この論文、立命館大学の紀要に載っていたものなので、インタビューのなかに一部、関西弁が出てくる。それが、なんとも緊張感がなくて味わい深い。

「生活の中で見ている人やから、普段部屋に下着も干してあるし、風呂から上がった後そのへんぴーと歩いているときもあるし」

「ぴー」と歩いているって！　なんでしょうその擬態語。はじめて聞く表現だが、部屋にブラやパンツが干してあったり、奥さんが部屋を裸で歩き回る雰囲気を、これ以上的確に表現する言葉もない。

私の祖母の時代には、妻は旦那様《だんな》より遅く寝て、旦那様より早く起き、旦那様が起きたときにはすでにお化粧を済ませていたと聞く。下着を目に付くところに干してしまうなどもってのほか。まして家の中をあられもない姿でウロウロするなど言語道断。当時のご婦人方は、家の中でもさぞ窮屈な思いをしていたことだろう。しかし、それが女性の存在を神秘的なものにしていたのだろう。

目の前を奥さんが裸で歩くような日常が続くと、夫は妻に女性としての魅力を感じなくなってしまうということらしい。なぜか知らないが、ここで私は奥さん目線になって反省してしまっているのだが、実際女性の気持ちになってこの論文を読んでいると、「恐怖」の2文字が頭から離れない。

**(3) 婚外恋愛は「栄養剤」!**

彼らは婚外恋愛を、みな一様に「栄養剤」だと思っているらしい。栄養剤? よく言うよ、こちとら文字通りの栄養剤すらロクに買えない貧乏芸人なのに……。

気をとりなおして、栄養剤とはどのようなことを指すのかというと、次の4つ。

「性的要因」
「いつもと違う役割と体験」
「ドキドキ」
「成長」

「性的要因」が挙がるのは、まあ当然だろう。いや、それ以外に何があるんだ! 成長だぁ? ふざけるな! などと、いきり立ってしまう童貞力高めの男子は、一生婚外恋愛などしないほうがいいのだろう。

私情はさておき、ここは彼らの話に耳を傾けてみよう。たとえば、「いつもと違う役割と体験」というところでのエピソードである。

「彼女が運転する車にのったときは、幸せだと思った。今まで付き合ってきた人って車の免許持ってなかった人が多くて、女性で、要するにいつも運転する側だったんですよ。ところが彼女は運転をバリバリこなすっていったら変だけど、一緒に乗って、別の空間ていうか、新しい空間ていうのを感じましたね」

こんなこと言ってみたい！

家には愛する奥さんがいて、外にはドキドキさせてくれる愛人がいて、しかもその愛人が運転する車の助手席に乗れるだなんて！　幸せですってそりゃ！　そりゃ栄養剤だわ！

しかも、このエピソードを読んで、私の頭のなかに浮かんだのは、次のような情景だった。車は赤いＢＭＷ。それを運転するのは、20代半ばから30代前半のサングラスをかけたナイスバディのキャリアウーマン。そんなステレオタイプの女性、いないか……。

自分のこの貧困な想像力に向き合ったとき、これではモテるわけがないと自覚してしまった。そうなのだ、この論文を読むと、自分がいかに甲斐性《かいしょう》のない男か、ハッキりしてきてツライ。そう思う男性諸君。キミたちは浮気や不倫など絶対にしてはならない。すぐボロが出て全てを失うことだろう。

そんな話はおいといて、このエピソードからわかることは、結局、男性はいつもと違う役割になれることを婚外恋愛に求めているということだ。奥さんには決して見せることのない、自分の弱いところを相手に見せたりできる。そして自ら成長し、奥さんに不満を抱くこともなく、むしろ奥さんのことを愛《いと》おしく思い、結果、家庭円満にもつながっている、ということらしい。

それが、この男性たちの心のなかで起こっている、婚外恋愛の思考のメカニズムである。

待ってくれ。こういう連中がいるから、私のような人間に順番が回ってこないのではないか!?　富める者がさらに富めるからこそ、私のような人間に「モテ」は到来しないのではないか!?　そう文句を言おうと思ったが、やめた。たとえ私の周りに女性がたくさんいても、事態は変わらないことを知っているからだ。こういう論文をせっせと集めて、1人ニヒニヒしている男なんて、どう考えても女性の共感を得にくい。「モテまくるやつがいるから、オレに女が回ってこない」と訴えている男性諸君！そうじゃない、キミはどこへ行ってもモテない。周りにいくら女性がいてもモテない。このことをまず自覚しよう！

しかも、である。この6名は、婚外恋愛が奥さんにバレたのにもかかわらず、許してもらっている人の割合が高いのである！　信じられますか？　で、しかも、婚外恋愛をすることで、「妻への愛情が深まった」などとヌケヌケ言っていやがるのだ。そして、いままた別の女性と婚外恋愛をしているとまで言う。すごすぎやしないか！

いや、冷静になろう。彼らはきっと「愛される才能」を持っている人たちなのではないか？　そして、女性にしてみれば、心底愛した男だからこそ、「もう二度と浮気はしない」という言葉を信じて、許してしまうのではないだろうか。ふだんからマメに愛情表現をしているからこそ、このようなウルトラCが可能なのではないだろうか。男の側も、奥さんとは別れようという気はない。たぶん奥さんと住む家が一番居心地いいからであろう。

彼らはこのあたりから複雑な気持ちになってきてないだろうか。どっちを選べばいいのだ、と。

(4)　俺がいなくちゃ！

いまの奥さんが大切だと思える理由を、インタビューでこう語っている人がいた。

「嫁はんの育ってきた環境が大変やったから。（中略）俺じゃなきゃだめなのかなぁ、と」

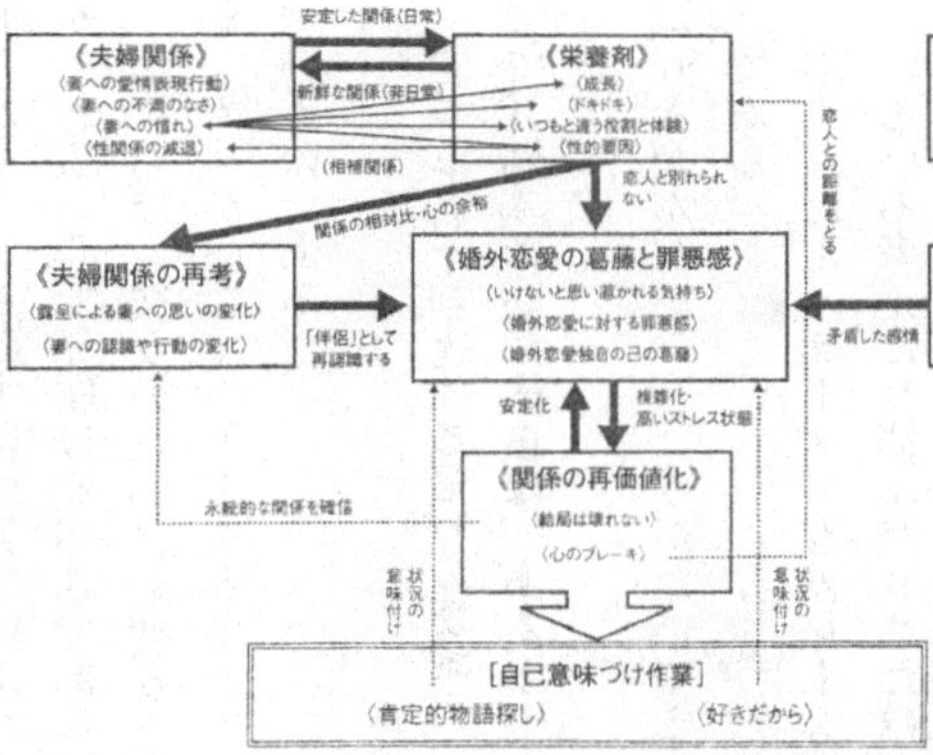

Figure 1. 既婚男性の婚外恋愛意味づけプロセス図

↑史上もっともくだらない図（タツオ）

言ってみたい。だったら浮気すんな！　って話だが。

このように、本論文では、「相手にとっての自分の存在が大きいと感じること」というのがポイントなんだと指摘されている。

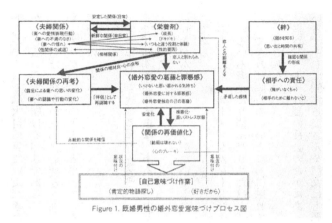

つまり、婚外恋愛に励む男たちは、「女房にはオレが必要だろう」と、自信たっぷりに思っている。その一方で、「彼女のためにも彼女と別れない」とも思っているのである。

「なに、彼女のため、って。身勝手な言い分もほどほどにしろ！」――女性読者からの冷たいツッコミが返ってきそうであるが、こういう「キレイな物語を作り上げる」男性心理こそが、この論文の解明しようとしているポイントなので、ここは大目に見ていただきたい。いましばらく、泳がせてみようではないか、と広い心で見届けるべきである。

男たちは「彼女のためにも彼女と別れたい。でも別れられない！」、彼女に対しても「オレがいなくちゃ！」と思っている。結果、罪悪感ループのドツボにはまりこんでいくのである。

**(5) そして到達する悟りの境地！**

で、悩みぬいた彼らは、ある1つの結論にたどり着く。

それは、

「好きなんだからしょうがないや！」

である。

出ました！「ラーメンもカレーも好きだもん！理論」である。

いろいろ考えたり悩んだりしたけど、奥さんも彼女も好き。どちらかなんて選べない。できれば両方のいいところに触れて暮らしていきたい、だって両方好きなんだもん！ である。

当然、一夫一婦制の社会のなかにあって悪いことだとは、彼ら自身よくわかってはいる。そして愛する奥さんや彼女にも悪いとわかっている。どういう理由づけをしても、自分を正当化することは難しい。そこで出てきた最後の言い訳が、「好きなんだもん」である。

だれかに許してほしい、救ってほしい、正当化してほしい。そう願う彼らは、ある時、自分を許してくれる存在を見つけるのである！　以下は、インタビュー対象者のなかの1人が至った、悟りの境地（？）である。

「そうやって悩んでるときにこれを許してくれるものはないかとか思っていろんなものを探したり。ヒンズー教の神さま。絵がある。神さまが浮気してる絵やねん。（中略）そういう人にも許しを与えるみたいな」

そんなことがあっていいのか！　ヒンズー教ヤバス！

考えてみれば、それまでなんの縁もなかったヒンズー教にまですがるほど、この人は罪悪感にさいなまれていたに違いない。

こんな結末が待っていたなんて、この論文すごい！

ここまで読んだだけでお腹いっぱい。もう浮気や不倫なんてしたくないよ。こんな葛藤《かっとう》かかえたくない。

## 栄養はどこで摂ればいいのか？

〝ヒンズーエンディング〟を迎えるなんて予想外の展開だったが、今後この論文の筆者は、婚外恋愛をしている女性たちのほうにもインタビューをしたり、夫の婚外恋愛に気づいたことのある奥さまたちへのインタビューなども画策している模様。これは是非読んでみたいものである。

栄養が足りないから、婚外恋愛をして栄養を補給している男もいるだろう。しかし、栄養は、そんな危険を冒さなくても得られるはず。趣味や仕事や家族・友人からも、いろんな形で栄養をもらえるよう自分のコントロールができれば、罪の意識におびえることはないかもしれない。

と、キレイごとで締めるが、正直このような実態を知ることができたことは大変有意義だった。読んだだけで、お腹いっぱいになった。ごちそうさまでした！

最後に、世の奥様方！　くれぐれも旦那さんの前を、裸で「ぴー」と歩かないように。

四本目

# 「あくび」はなぜうつる?

「行動伝染の研究動向　あくびはなぜうつるのか」
本多明生、大原貴弘　2009年　『いわき明星大学人文学部研究紀要』22

## あくび研究論文

人間はだれしもあくびをする。実に当たり前のことなのに、「なぜあくびをするのか」、そして「なぜあくびがうつるのか」ということは、ここ30年にも満たない研究で、少しずつわかってきただけだということを、みなさんはご存じだろうか？

理由はたぶん……わかんなくても、生活に困らないから？

『あくび指南』[*1]という落語があるけど、落語のネタになるくらいだから、つまりはどうでもいいようなシロモノ。

しかし、論文を読んでみてビックリ！　あくびにはいろんな謎が隠されているのであった。

今回取り上げる論文は、ここ30年における「あくび研究者」による、あくなきあくび探求を、1つの研究史として整理してくれたものである。

ずーっと、あくびのことを考えていた研究者たちが、この世にはいる。あくびを見つめ続けた研究者たちによる、魂のあくび史。こんなにオリジナリティーあふれる研究があったんだ、ということを、これからご紹介しよう。

「血中酸素欠乏説」ではない!?

あくびがなぜ発生するのか、ということについて、一般的には、「脳に酸素が足らなくなっているから」とか「つまらないから」などの理由が知られていると思う。充分寝たはずなのに、授業中や会議中にあくびが出るのはなぜなのか？　目の前のムカつくヤツとしゃべっているときだけ、眠くなってしまうのはなぜか？

研究でわかってきたことは、「酸素が足らなくなってあくびをする」というのが、どうやら間違いだということなのである。

あくび研究の歴史において欠かせない1人、米メリーランド大学のロバート・プロヴァイン教授らが1987年に行った実験は次のとおりである。

高酸素濃度（酸素100パーセント）の部屋
中二酸化炭素濃度（二酸化炭素3パーセント）の部屋
高二酸化炭素濃度（二酸化炭素5パーセント）の部屋

の3つの部屋を用意し、被験者たちをそれぞれに振り分け、普通の部屋と右記の部屋とで、どれくらいあくびの出る回数がちがうのかを計測した。「中二」のへやと「高二」の部屋と読みまちがえた人も多いと思う。私もそうだった。ちがいます、中濃度、高濃度、ですからね！

その結果、「まるで変わらない」というデータが得られた。これにより、あくびの「血中酸素欠乏説」は否定された、ということらしい。酸素が多かろうが少なかろうが、あくびの出る回数に違いがないのだもの。

さあ、この結果に、あくび研究者たちは大騒ぎ。ではなぜあくびが出るの⁉ 残る理由は、「退屈だから」と「眠いから」だが、「両者は別々じゃないのか」「いや、一緒でしょ」と、侃々諤々《かんかんがくがく》。

そして、ひとまずいまは、「退屈」からくるあくびも「眠気」からくるあくびも、低覚醒、つまり、脳があまり起きていない状態のときに起こるらしいということで説明しておくことにしたようである。ただ、そのメカニズムについては、あまりわかっていない。これは、ひとえに人間の脳の研究がまだはじまったばかりであることと関係が深そうだ。今後徐々に解明されていくことだろう。

## そもそもあくびはうつるのか?

例のプロヴァイン教授たちは、1986年から翌年にかけて、「あくび」の基本研究を行った。それは、

「あくびについて考えたら、あくびはでるのか?」

というものであった。ホントにどうでもいい研究である。

その過程で、次のような実験が行われた。

まず、被験者たちに、10分間リラックスした状態で座ってもらい、たっぷりとあくびについて考えてもらう。これを3セット繰り返す。

これ以上贅沢《ぜいたく》な時間の使い方はないだろう、というような実験である。というか、そもそも「あくびについて考える」って、なんだろうか？　あくびをしている人の顔を思い浮かべるのだろうか？　なぜあくびのことを「あくび」というのだろうか、とか？　海外なので、ハクション大魔王のアクビちゃんについて考える人はいないだろう。そのうち、私はこの論文を読んでいて、『あくびについて考える』について考える」という状態に陥ってしまった……。

実験に話を戻そう。

被験者たちは、あくびをしたら、ボタンを押す。本当のあくびをしたらボタンを押してね、という条件である。「本当のあくび」と「ウソのあくび」があるのかって話だが、ともかく、これを30分間やる。30分あくびについて考えるという苦行。おそらくブッダもやってはいないであろう修行、いや実験である。

すると、衝撃のデータが出てきた！　あくび1回あたりの平均持続時間が5・9秒。1分あたりの平均あくび回数が0・9回。あくびとあくびの間隔は平均68・3秒。

いま、心のなかで「どうでもいいや」とつぶやいた人は軽率だ。というのも、この

数値は、あくびについて考えない場合と比較して圧倒的に高いからだ！　この実験からわかったことは、

「私たちは、リラックスした状態のとき、あくびについて考えるだけで、かなりの高頻度であくびをする」

ということである！　はいこれ試験に出ます！　実はこのことがこの後かなり大事な事実につながってくるのであった。

## あくびの映像を見たら、あくびはうつるのか？

他人が笑っているのを見てつられて笑っちゃうとか、他人が怖がっている姿を見ると怖くなったりとか、そういう現象を心理学で「行動伝染」というらしい。早い話、人に影響されて、自分もそう感じてしまうというものである。

この行動伝染という考え方を「あくび」に採り入れたのが次の実験だ。いよいよ「あくび」もちゃんとした専門用語が使われる研究としてステージがあがってきた。感慨深い。

まず被験者に、「あくび映像」を見せる。しかし、ここからが研究者らしいところだ。素人は、被験者に「人があくびをしている映像を見せる」とだけ考えてしまう。しかし、プロの研究者はちがう。「人があくびをしている映像」と「人が笑っている

映像」の2つを、ビデオで5分ずつ視聴してもらうのである！　比較できるデータをきちんととっておくのだ。しかも、それぞれ10秒ずつ30回の計5分という計算。どうですか、この余念のなさ！　これ、かなりの拷問《ごうもん》だと思うのだが。

その結果「あくび映像」を見た被験者の55パーセントの人があくびをしたのに対し、「笑顔映像」では21パーセントという結果が得られたのだった。つまり、「あくび映像」はやはりあくびを誘発したのである！

……さあ、そろそろみなさんもあくびしたくなってきたんじゃないですか!?　だって、あくびについて考えるだけでもあくびが出ることが実証されているのだから、あくびについての文章を読めば、なおさらあくびをしたくなるはずではないだろうか？

もし、あなたが、この文章を読んでいる途中であくびが出たとしても、それは文章がつまらないからではない、それは「あくび」について書かれた文章だからである。

## 文章を読んで、あくびはうつるのか？

という、私の心配を打ち消すかのように、実は次のような実験も存在する。それは被験者に、「あくび文章」と「しゃっくり文章」を見せる、というものである。

「あくび文章」や「しゃっくり文章」なるものとは？　残念ながら、この論文には載っていない。おそらく「あくびについて書いてある文章」と「しゃっくりについて書いてある文章」だろうが、実験よりこちらの文章のほうがおもしろそうなのが、なんか複雑だ。

さて、実験の結果はというと、「あくび文章」を読んだ被験者の30パーセントがあくびをしたのに対し、「しゃっくり文章」では5パーセントにすぎなかった。つまり、あくびは、文章でも伝染することがわかったのである！

ちょっと真面目な話になるが、このように研究者は常に「比較するデータ」をとって、本来知りたいデータの確からしさを確認するのである。つまり、「あくび映像」「あくび文章」だけではダメで、それと「笑顔映像」「しゃっくり文章」の結果を照らし合わせて、相対的に「多い」「少ない」を実証していくのである。あくび研究を進めていく過程で、「しゃっくりとの違いはなにか」「笑顔との違いはなにか」と、ときにはあくびから遠ざかることもしなくてはならないのである。

ちなみに、ほかのあくび実験では、「ロックの映像」（ロックバンドが演奏をする映像です）と「カラー・バーの映像」（テレビ放送終了後のテストパターンの映像）を見せて、どちらを見ている人のほうがあくびが多く出るか、など、当たり前すぎる研究なんかもあったりする。もはやあくびと関係がなくなってきていると思われるかもしれない。しかし、「つまらない」ことがいかに「あくび」に結びつくかを実証するには、「内容があるもの」と「内容がないもの」とを比較することがどうしても必要なのだ。

一番調べたいことから「遠い」ものから徐々に「近い」もので検証していく。そうでないと厳密なことを言えない。だから研究者の口調はまわりくどいのだ。私がたまたま手にとった論文は、そんな「遠いもの」をメインに扱ったものかもしれない。「点」だけみてしまうと、「カラー・バー映像を見た人たちの反応について」というわけのわからない論文も、こういった事情で世に出ていくのだ。それがヘンな論文なのである。

## あくびは何歳からうつるのか？

あくびは、想像してもうつるし、見てもうつるし、読んでもうつる、ということがわかってきた。どうやら、人間の脳の活動とあくびとは密接な関係にあるらしい。

そうなると、あくびがうつるのは、何歳からなのか、ということを調べた研究があっても不思議ではない。

英スターリング大のジェイムズ・アンダーソンらの研究を紹介しよう（Anderson & Meno,2003）。

「2歳から11歳までの子ども」に、お話をしている大人があくびをする映像を見せる（視覚）、お話の登場人物があくびをする話をする（聴覚）、の両方を試したところ、

・4歳までは一切あくびはうつらない
・映像を見てあくびがうつるのは5歳から
・話を聞いてあくびがうつるのは6歳から

ということがわかったのだ！　これは、本当に美しい図表として現れる、確実なデータであった。

これをキッカケに、心理学や脳科学の学者たちが、あくびについてさまざまな意見を出し合うことになる。なんと平和な議論でしょう。

ちなみにこの研究では、自閉症の子どもにはあくびがうつりにくいことが発見された。また、子どもではなくても、統合失調症などの傾向がみられる人にもあくびはうつりにくい、ということが確認されたのである。

――ますます広がるあくびの謎。

このことに関して、私が懇意にしている目白大学の丹明彦准教授（児童心理学）にお話をうかがった。先生によると、「〝心の理論〟、つまり、相手の思っていることを

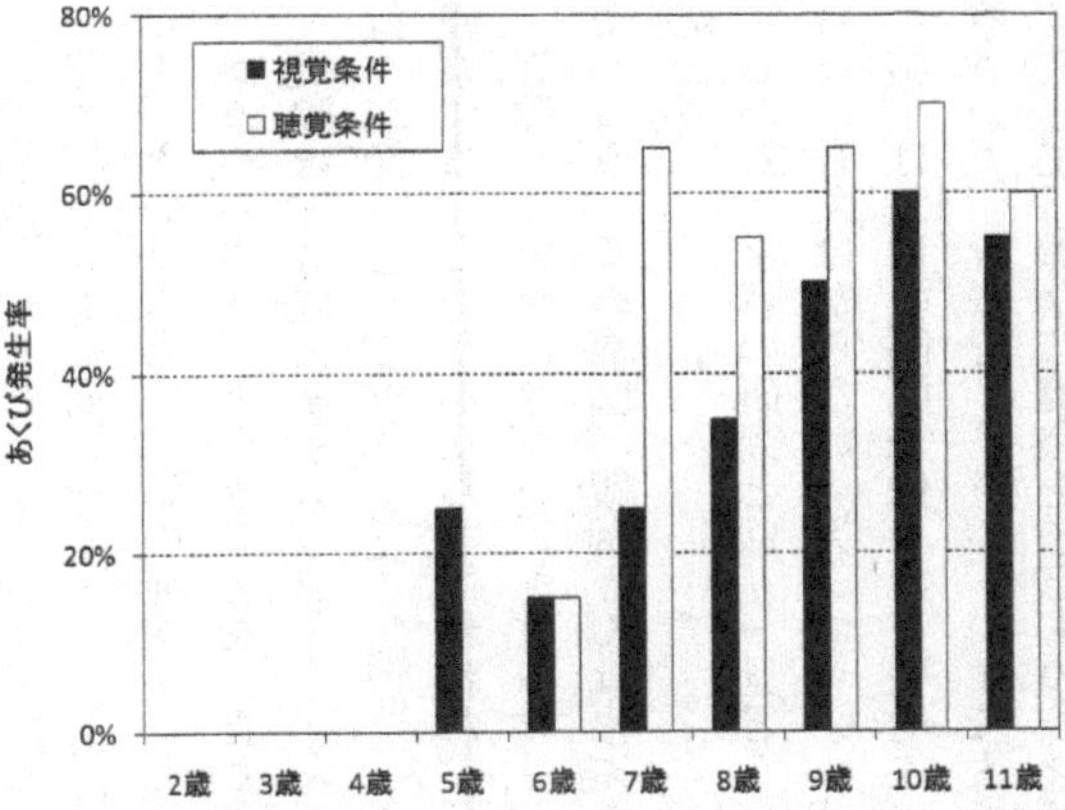


図3. 子どもの年齢によるあくび伝染発生率の違い（Anderson & Meno, 2003 をもとに作成）

汲み取ろうという想像力がある、という心理学の考え方でいけば、それが未発達のヒトには、あくびはうつらないということは納得がいく」「あいづちなどがうてる人とか、あいづち名人などは、人の話を聞くのに長《た》けているので、心の理論が発達している。そういう人は、あくびがうつりやすいかもしれない」ということらしい。

あくびがうつるのは、想像力豊かな人の証拠らしいのである。つまり、授業中や会議中に眠くなるのは、相手がなにを言っているのかを真剣に汲み取ろうとしているからなのだ。最初から話を聴く気がなければ、あくびは出ない。聴こうとするから、あくびが出るのだ。

## イヌはどうか?

待て。そもそもあくびがうつるのは、ヒトだけなのか? よおし、チンパンジーだ! ということで、脳の発達がいちばん人間に近いとされるチンパンジーでもあくびがうつるのか、ということを調査したのが、2000年代の学者たちである。

実験は、6匹のチンパンジー(すべてメス)の前で、「チンパンジーが口の開閉を行う映像」と、「あくびをする映像」を、それぞれ3分間流して、その後の3分間を観察する、というかたちで行われた。

想像していただきたい。チンパンジーのあくびをチェックするエリート学者。なんでしょう、この構図。親御さんは喜ぶのだろうか? 観察しててあくびは出ないのだろうか。

しかし、学者の研究とは、一見どうしようもない「局地戦」の積み重ねなのである。バカにしてはならない。笑ってもいいけど。

結果は、口の開閉映像では、平均4・7回、あくび映像では平均10回のあくびが観察された。マジ!? チンパンジーでもあくびはうつるのか! 色めき立つ学者たち。

そして、おなじ実験を子どものチンパンジーにも試したが、あくびはうつらなかった。なんですとー!!

　このことから、あくびの伝染は、自己認知や共感性（つまり、相手に感情移入する想像力）が必要なのではないか、ということ、そして、かなり高度な知的生命体にのみ現れる現象なのではないか、ということがわかってきた。つまり、霊長類においてのみ現れる「共感性」が原因なのではないかという議論になってきたのである。*2

　あくび研究は、その後、「いいや、うちのイヌはヒトの気持ちが分かるからあくびがうつるはず！」というイヌ好きと思《おぼ》しき学者によって、ヒトからイヌにはうつるのか、ということも研究されたりした。それまでは、ヒトからヒト、チンパンジーからチンパンジーという同種間のケースに限定されていたが、異種間伝染もありうるのではないか、ということである。

　実験は２００８年に行われ、さまざまな犬種29頭に対して、人の「あくび」と「単なる口の開閉」のそれぞれの映像を5分間ずつ示した。すると、後者では、あくびはゼロ。前者では、29頭中21頭で伝染が確認されたのである！　イヌすげー！　イヌは、「ヒト志向型」の共感性をもっているから飼い主に限りすごく頭をつかってるってことになる。専門家から言わせると、「いや、それは本当のあくびではなく、単なるサインなのではないか」という反論もあり、あくび議論はいまだヒートアップ中である。

## 「あくび指南」をうまい落語家が演じたら？

最後に、この論文はこう締められている。

「今後の研究課題としては、特にあくび伝染と模倣についての多角的な検証と、異種間でのあくび伝染研究が課題」。そんなに課題なんだろうか。

目下、業界をあげて研究中の課題である。続報を待ちましょう。

私はこの論文を興味深く読んでいたのにもかかわらず、何度もあくびが出てしまった。まさに、このことがあくび文章を読むことであくびが出ることの実証ともなっている。

ちなみに、知り合いの落語家・立川志ら乃《たてかわしの》師匠に聞いたところ、『あくび指南』というネタの場合、「うまい人（演者）なら、お客さんもあくびをすると思う」ということである。ヘタなら出ない。うまいと出る。落語家にとっては、複雑な話である。

＊1――――近所にできた「あくびの指南所」に熊さんと八つぁんが習いに行き、あくびの師匠から風流なあくびなるものの手ほどきを受ける、という噺。ここでは、無意識に出るあくびは「駄あくび」と言って価値のないものとされている。

＊2――――サルにはあくびはうつらないとされてきたが、のちに、ベニガオザルでは、あくびがうつることが確認され、大騒動に。ちなみに、このことを知り合いの新宅広二先生（動物行動学）にうかがったところ、それはあくびがうつっているのではなく、真似をする技術が身についた、ということではないかという仮説を唱えられていた。ひとつの現象でも、いろんな捉え方があり、どれも説得力がある。これが学問のおもしろいところだ。

## Column.3　研究には4種類ある

さまざまなジャンルでいろんな研究がされ、刻一刻と専門も細分化されていっている現在であるが、研究には4種類しかない。あえて断言してしまうが、4つ、とおぼえておくと、よくわからない研究もつかみやすくなると思うので紹介したい。

まず、大きくわけて2つある。「人間とはなにか」についての研究と「この世界とはなにか」に関する研究である。

「人間」には「私」や「あなた」や「彼・彼女」も含む。

「世界」はそんな私たちの周りにあるものはなんなのか、この環境はなんなのか、なぜ私たちはここにいるのか、ということを含む。宇宙も含む。

次に別軸の2つの研究に、「いまどうなのか」についての研究と、「いままでどうだったのか」に関する研究がある。

これは専門的には「共時的研究」と「通時的研究」といわれている。「現在」

と「過去から現在まで」である。どちらも「未来」への予見を含む。時間を横で区切る（現在）か、縦で区切るか（過去↓現在↓未来）のちがいである。

つまり4種類とは、

1.「人間とはなにか」の「いまどうなのか」の研究
2.「人間とはなにか」の「いままでどうだったのか」の研究
3.「この世界とはなにか」の「いまどうなのか」の研究
4.「この世界とはなにか」の「いままでどうだったのか」の研究

である。

もちろん程度の差はあるが、イメージでいうと、どの研究もXY軸で構成された平面図の、4つに区切られたどこかには必ず位置している。

たとえば、この本で紹介している論文だと、一本目の「河原町のジュリー」の論文は、世間話などをする「人間とはなにか」の「いまどうなのか」の研究になる。ひとまずは「河原町のジュリー」という限りなく現在に近い、「現代」に存在した人物とそれをどう語るのか、という研究だ。ここに水戸黄門の逸話や左甚五郎などの逸話の話型がどう継承されているか、というのがメインの論文になると、「いままでどうだったのか」という研究になる。

七本目の「猫カフェ」の論文は、猫によって癒される人間の心の研究だから、「人間とはなにか」の「いまどうなのか」の研究。「コーヒーカップ」の論文は、物理的な現象を扱っているから「この世界とはなにか」の「いまどうなのか」の研究、ということになる。今回この本で紹介した論文には「この世界とはなにか」に関するものが少ないが、宇宙の研究とか、自然環境に関するほぼすべての研究はここに属する。ここでは紹介していないが、「将棋倒しの速さ」という論文は、やはり現象を扱っているので「この世界とはなにか」の「いまどうなのか」の研究であるし、「縄文時代におけるクリ果実の大きさの変化」という論文は、「この世界とはなにか」の「いままでどうだったのか」の研究に入る。

本当は、「いまどうなのか」という時間を横で切り取った研究というのは、「いままでどうだったのか」がわかったうえで味わうべきで、「これまでどうだったかのなかに今を位置づける」という、歴史的位置づけができてはじめて意味がある。とはいえ、そんな堅苦しいことを抜きに、ひとまず目の前の不思議の原因を知りたい、というのも好奇心旺盛な人の生理だろう。

どんなに崇高に見える研究も、バカバカしく思える研究も、つまるところは「私たちと、その私たちのまわり」に関する研究であり、同時にそれが将来どうなるのか、という予言の側面を持っている。これは書いた人が自覚していることであれ、無自覚であれ、そうなのだ。過去、現在の研究は、必ず未来を予見するよう収束する。

わからないことを明らかにしていくことが、新たなわからないことを発見し、さらにそれを突き止めると新たなわからないことができていく。こうして人類は進化してきた。

美しい夕景を見たとき、それを絵に描く人もいれば、文章に書く人もいるし、歌で感動を表現する人がいる。

しかし、そういう人たちのなかに、その景色の美しさの理由を知りたくて、色素を解析したり構図の配置を計算したり、空気と気温を計る人がいる。それが研究する、ということである。

だから、研究論文は、絵画や作家や歌手と並列の、アウトプットされた「表現」でもある。無粋だという人もいれば、最高にポエジーだという人もいるだろう。美しいものを支配する法則もまた美しい。数学者や物理学者に詩人が多いのはこういうことに由来するのではないかと思う。
研究は未来を予見する表現だ。

# 五本目
# 「コーヒーカップ」の音の科学

「コーヒーカップとスプーンの接触音の音程変化」
塚本浩司　2007年　『物理教育』第55巻 第4号

## それは女子高校生の「気づき」からはじまった！

この論文の筆者、塚本浩司先生は、現在、千葉県の高校の物理の先生である。学術論文は、大学の先生でなくても、雑誌を発行している学会に所属をしていれば書くことができる。また、高校でも、先生たちが書いた論文をまとめた「紀要」を発行しているところが少なくない。

この論文「コーヒーカップとスプーンの接触音の音程変化」――タイトルを拝見して、一瞬「なんじゃこりゃ？　どうでもいいことすぎる！」と思ったのだが、笑っていたのは最初だけで読み進めていくうちにすっかり魅了されてしまった。そこには、だれもが日常的に経験していながら、気づかない問題が隠されていたからだ。しかもこれは、高校の教員をしていなかったら書けなかったであろう論文だ。

ここからはドキュメンタリータッチで、なにが書かれていた論文か、紹介しよう。

今から20年以上前の1992年、塚本先生は、教え子のOさんという女子生徒から、「コーヒーカップにインスタントコーヒーの粉末を入れ、お湯を入れてスプーンでかき混ぜると、スプーンとコップのぶつかる音が、徐々に高くなっていく」ということを聞いた。

みなさんもインスタントコーヒーを淹れた経験があるだろう。そのとき、スプーンがカップにあたる音を聞いたことはあるはずだ。しかし、その音程まで気をつけたことはないにちがいない。そもそも、その音のひとつひとつに音程の違いがあるなどとは誰も思わない。塚本先生も、当然、最初は「そんなの気のせいにちがいない」「単なる思い込みだろう」と思ったという。

普通の人ならそこで終わったかもしれない。しかし、さすがは先生である。実際に自分でインスタントコーヒーを淹れてみて、その音を音程に気をつけて聴いてみた。すると、たしかに、だんだん高くなっていく……ような気がする。こうして「ん？もしかしたら、Oさんの言う通りかもしれない」となった。

ただ、その現象が偶然ではないと仮定したところで、「その原因はコレだ！」と即答するまでには至らなかった。

そこで塚本先生は、なぜそうなるのか、その科学的根拠を調べることにした。こうして先生とOさんの実験の日々がはじまるのである。漫画ならここで危険な恋でもうまれそうな感じだ。

**たしかに音程は高くなっていた！**

実験に入る前に、まず「本当に音が高くなっているのかどうか」を確認しなければならない。２人の感覚が偶然似ていて、同じように聞こえてしまったかもしれないからだ。

そこで２人は、お湯で溶いたインスタントコーヒー入りのコーヒーカップとスプーンとの接触音を録音した。

そして、パソコンに取り込んだその音を「サウンドモニターソフト（FFTWave）」を使って「フーリエ変換」し、「周波数特性」を測定した……と、いきなり訳がわからなくなってきたが、つまり簡単に言うと、音を数値化するということらしい。だったら最初からそう言え、という話だが、論文には専門用語もちゃんと出てきている、ということを理解していただきたく紹介した。

すると実際に、時間が経つにつれて音が高くなっていくという結果が出たのである！　最初は６０００ヘルツくらいだったのが、最後には1万ヘルツを超える音域の値になった。同じことを何度繰り返してみても、結果は同じだった。ここまで来れば、もはや「気のせい」とは言えない。

いったいなぜなんだ!?　原因はなんだ!?　みなさんはどう考えるだろうか。そして、どういう方法で原因を突き止めるだろうか。

ここからは、一緒に実験をする気持ちで読んでみて欲しい。

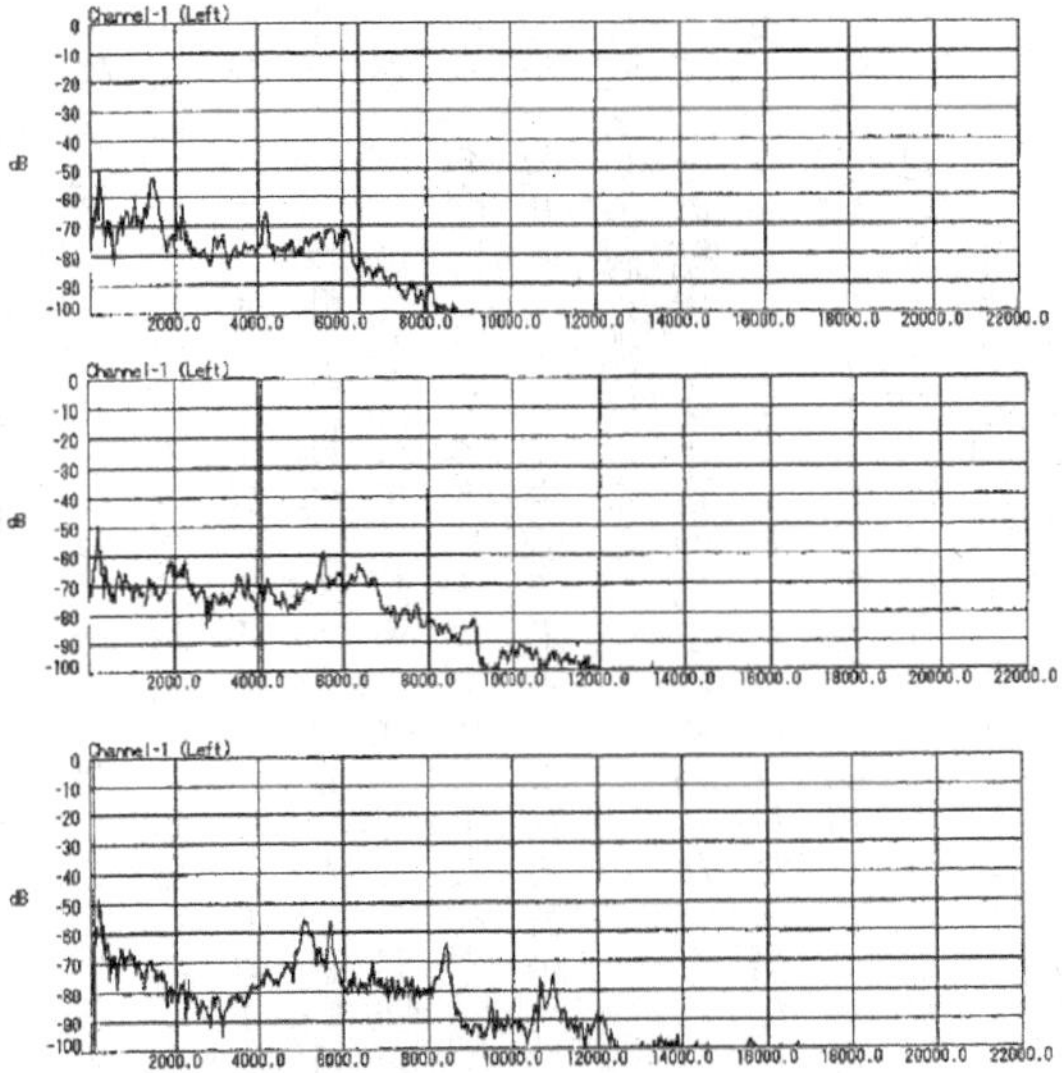


図2　インスタントコーヒーを溶かしたとき，カップをたたく音の変化。上から撹拌開始直後，20秒後，50秒後。時間につれて8000Hz以上の高音が取得できていることがわかる。

↑この機械は、こんなことをするために生まれてきたのだろうか、と考えてはいけない（タツオ）。

## 現象は「ボケ」、科学は「ツッコミ」

冷静な読者の方なら、この段階で、次のことを考えているかもしれない。

「待て待て。これは、カップがお湯で温められたことによる温度変化が原因ではないのか!?」——つまり、中身であるインスタントコーヒーの問題ではなく、容器であるコーヒーカップ側の問題によるのではないか、ということだ。

であれば、これを検証するためには、どんな実験をするべきであろうか?

そう、今度は「インスタントコーヒーを入れず、お湯だけをカップに入れ、スプーンでかき混ぜる」という実験である。これで音が変わったら、原因は単なる容器の温度変化という線が濃厚になる。

さて、その結果は……音の高さは変わらない! つまり、音程は一定していたのである。そりゃそうか……。しかし、こうした「当たり前」から疑ってかかってしらみつぶしに実験していくのが科学なのである。ここからわかることは、音程が高くなっていくのは「カップの問題ではない」ということだ。一歩前進。

となると、やはり原因は「インスタントコーヒー」しかない。これは受け入れるしかない事実である。まさか、いつも口にしているコーヒーに、なにかとてつもない化学変化が起きているというのか!?

少し、冷静になろう、うん。問題点をもう少し絞ろう。

こういう考え方をしてみてはどうだろうか。――「コーヒー以外の粉末飲料を溶かした時にも音程は変化するのか？」

インスタントの味噌汁やカルピスのような「粘度の高い液体」と違い、「粉末」であることに原因があるのではないか、という考え方である。言い換えれば、インスタントコーヒーの問題なのか、広く「粉末飲料」全般の問題なのか、ということである。

というわけで2人は、コーヒー用の「クリームパウダー」（「クリープ」や「マリーム」の類である）だけをお湯に溶かしてかき混ぜてみた。すると……。

んっ？　だんだん音程が高くなっていくではないか！　そう、音程変化は、インスタントコーヒーだけではなかったのである！　ちょっとどうなってんのさ、これ大発見なんじゃないの!?

いや、2つの事例だけで結論づけるのは早いかもしれない。そこで、インスタントココアを試してみたところ、こちらも結果はおなじ。ということは、問題は「粉末」全般にあると言えそうだ。

粉末だけに起こる現象なのだと仮定したら、次にすべき対照実験は、「粉末に近いなにか」で行うことだ。そこで、次に登場するのは、コーヒーといえば紅茶ということで、市販のティーバッグ。粉末ではないが、茶葉を小さくして折りたたんでいるア

ぅお湯を注いでカップをかき混ぜてみたところ……えっ⁉ 音程に変化がない！ うぉー、なんだこりゃ、やはり、粉末だけ⁉

結論を下すのは早計だろう。原因と考えられるものの周辺の、〝容疑者〟も洗っておく必要がある。そこで、「砂糖」、そして「食塩」がリストアップされた。

結果から言うと、コイツらをかき混ぜても、音程に変化はなかった。佐藤敏夫、いや砂糖と塩の容疑は晴れた。

となると、容疑者は「粉末」に絞られた。そこで今度は、飲み物ではない粉末ではどうかということで、2人は「入浴剤」をカップに入れてスプーンでかき混ぜるという〝荒業〟までやってのけた。入浴剤を湯船にではなく、コーヒーカップに入れてかき混ぜる。ひたすらかき混ぜる……一体、なにをやっているのであろうかなどと、余計なことを考えてはいけない。一体何やってんだ？ ってことまでやるのが科学だ。すべては真理のために！

その結果は……、音が高くなっていったのである。

目の前で起こっている現象と、その原因を特定していく作業。それは、ボケにツッコミを入れていく作業に似ている。ここが間違っているのではないか、この原因じゃないとしたら、こっちなのではないか、などと、「おかしいと思うこと」に「これが原因じゃないか」とツッコミを入れていく。そして、いろいろな可能性を、1つずつつぶしていき、1つの結論にたどりつく。

多くの人は、結論だけを知りたがる。しかし、研究で大事なのは、「ほかの可能性」を削っていく作業なのである。これが、一般の人の噂話や憶測と、学問の違いである。ほかに考えられる可能性をすべて試し、しらみつぶしに調べていった結果、浮上してきた「犯人」＝事実を、疑いようもない状態にまでもっていくのが、「真実」化の作業なのかもしれない。ほとんどの実験は、「こうだ」という仮説を証明するのではなく、「こうではない」という、ほかの可能性の排除が9割を占めるといっていい。ここに敬意を払ってほしい。プロセスも結果である。インスタントコーヒーの謎からはじまり、入浴剤までをカップに入れるところまでやってはじめて見えてくる「景色」というのがあるのだ。

## ついに、逆転の発想にたどりついた

こうして、塚本先生とOさんは、ある仮説にたどりついた。

「インスタント飲料などの粉末に含まれる気泡によるものではないか」――つまり、細かい空気の仕業ではないか、ということである。これこそが、ほかに考えられる可能性を排除した結果、ようやく導き出すことができた「仮説」というわけだ。最初からそう思ったよ、という読者の方もいるかもしれない。しかし、ほかの可能性をつぶしてはじめて、その仮説は意味をもつことを忘れてはならない。

みなさんも、インスタントコーヒーを淹れた直後、カップの表面に細かい気泡が浮かんでいるのを見たことがあるだろう。

あの空気が、まだコーヒーの細かい粒の中にあるときに、カップとスプーンの摩擦音を吸収しているのではないか、と2人は考えたわけである。

ここに、逆転の発想があることにお気づきだろうか？　つまり、「音が高くなっていく」のではなく、もともと高い音であるのを「空気が吸収している」ために、最初は低くなっているだけなのではないか、ということである。

もちろん、このこともなんらかの対照実験によって実証せねばならない。そこで2人はどうしたか？　この仮説を裏付けるには、「粉末を溶かさなくても、気泡があればいい」ということが実証できればいい。こうして、ついに、犯人は、「粉末」↓「粉末に含まれる気泡」↓「気泡そのもの」という具合に絞られていったのである。

気泡を含んだ液体ということで真っ先に浮かぶのは炭酸飲料だろう。数ある炭酸飲料の中から2人が選んだのは「コーラ」。コーラをカップに入れてスプーンでかき回してみたのである。そんなこと普通しない。コーラもカップもスプーンも、すべて身近にあるのに、そんなことをしている人はどこにもいないのだ。こういうことにたどりつくから学問はおもしろい。

結果はどうだったか。間違いなくだんだん音が高くなっていった。

コーラ以外にも、炭酸水素ナトリウム入りの入浴剤でも試してみたが、やはり音は高くなっていった。

かくして、コーヒーカップとスプーンの接触音の音程変化は、「気泡」が犯人であることが確定されたのである。

う〜ん、非常に興味深い「物理ミステリー」に遭遇できた感動と、それとは裏腹にそこはかとなく漂う〝どうでもいい感〟——この結果を知ったからといって、社会のなにかに役に立つわけではもちろんない。知らなくてもいいことである。

ただし、ここまで読んでくださった読者諸兄はおわかりであろう、この原因を解明する「プロセス」こそが、なによりも重要であるということを。

## ドラマは続く衝撃の展開

過去に発表された研究のことを「先行研究」という。研究の過程の半分は、この先行研究の存在を調べること、そして自分の主張のどこに「新しさ」があるか、を確認することにある。これは学問上の大事な手続きの1つである。どんなに優れた結果を出しても、同じことを過去にだれかがやっていたのでは、意味がないからだ。

そこで塚本先生は、右記の結論に至ったあと、海外の論文の中に、すでにこれと同様の疑問にチャレンジしたものを探した。国内の研究になかったことは、実験に移る前に調べていたが、海外の論文は未着手だったのだ。

すると……、なんとアメリカの論文に、同様のものがあるではないか！

これが、学術研究の残酷なところだ。しかし同時に、「おなじような疑問を持った人が、やはりいたんだ」と共感を抱くところでもある。時空をこえて、対話する。研究者として複雑な心中をお察しする。

その先行研究を以下に紹介しよう。

1969年にカリフォルニア大学の3人の研究者が、研究の合間にコーヒーを飲んでいるとき、このスプーンの接触音の音程が高くなる現象に気づいた。自分の専門でもない領域のことゆえ、そのまま放っておいてもいいのだが、研究者魂がそれを許さなかったのだろう。3人は塚本先生たちとまったくおなじ実験を行ったのだ。「コップの温度」「粉末飲料」「粉末飲料的なもの」「粉末」……国も時代も違う人どうしが、1つの真理のために、同一の手続きを経て真理に至っているのである。

ただ、1つだけ違うところがあった。「気泡」の実験の材料として、3人はコーラではなく、「ビール」を選んでいたのだ。なかなか粋ではないか。

ビールで仮説を実証できたということは、そのままビールで祝杯をあげたにちがいない。数十年後に、異国の先生と学生が、彼らの足跡をたどるとも知らずに……。

掲載されていたのは、ケンブリッジ哲学会報誌。彼らの所属は、地球物理学・惑星物理学研究所だったそうだ。塚本先生は本論文でこう述べている。「おそらく彼らは、研究の合間の休憩時にインスタントコーヒーをいれている時にこの現象に気づいて、筆者らと同じように議論と実験を重ねて原因の解明に至ったに違いない」と。思わず想像を口にしてしまっているほどだ。

みなさん、学問のおもしろいところはここなんです。

あることを証明するにあたって、結論を確固としたものにするためは、段取りや順番がいやでも似てくる。それは、100年後、いや、1000年後の人がおなじ条件で実験したら、おなじ結果が得られるように。

どこかの〝200回実験に成功した人〟にも、読んでほしい論文である。

## 研究の楽しさを体感させる実験として

塚本先生は、今はこの「コーヒーの音の謎」を授業の教材にされている。もともと、先生は教材研究をなさっていたこともあって、結果よりも、実証の「プロセス」こそが生きた教材になることをなによりわかっていらっしゃるのだ。

ちなみに先生の論文では、実験を行った際の生徒たちの反応も掲載されている。

「おもしろかった」「身近なことなのに気づいてなかった」などという意見が並ぶ中で、「最初は粒子が原因だと思っていたのに、泡が原因だったなんて意外だった」というレベルの高い感想まで含まれている。こうした意見を授業にフィードバックさせることで、先生は、授業であつかうテーマや教材を、年を経るごとに洗練させているのだ、ということもわかる。

なお、この論文は、実際に音を録音して音程を計測したということでは世界初である（69年のカリフォルニアの論文では、音程計測までは数値化していなかった）。

それより何よりこの論文が素晴らしいのは、最初に塚本先生に疑問を投げかけたOさんのように、日常に潜む「謎」を見つけること、「問いを立てる」ことの大切さを教えてくれた点だ。これこそが、問いに学ぶと書く「学問」のキモなのである。

私はこの論文を発見した数日後、塚本先生の連絡先を必死に探して、ダメもとでメールをしてみた。数日後、「もうアドレスを閉鎖するつもりだったが、たまたま開いたらメールが届いていてビックリした」という返信をいただいた。

先生がこの論文をかたちにしたのは、生徒に学問のプロセスを楽しく「追体験」してもらう教材にしたかったからだそうだ。私のような門外漢に響いたことがことのほか嬉しかったようで、感謝の意が記されていた。

## Column.4　塚本浩司先生訪問記

「コーヒーカップ～」の塚本先生の論文にあまりにも感動した私は、どうしてもこれを書いた人がどんな声をしてどんな話し方をするのか、何を考えて日々生きているのかを知りたくなった。タイトルがおもしろかったので珍しく理系の論文に手を出したのだが、理系の論文にたまにある、著者のメールアドレスを探したら載っていたので思い切ってメールしてみた。私は芸人で、論文を探していて、と、どの先生にも説明するのだが、普通芸人ですって言ったら「笑い者にしてバカにしてるんだろう」と思うだろうと思っていたら、優秀な研究者はその点偏見がない。おまけにテレビもあんまり見ていないので、売れてないとかも気にしない！　気さくな人ばかりなのだ。

塚本先生もしかり。数日後メールの返信があった。「論文にメールアドレスを掲載したのはよいものの、いままで一通も問い合わせがなかったので、もうこのアドレスは破棄しようと思っていたところに、メールがきました」と！　出た！　興味持っているの私だけのパターーン！

というわけでアポをとってうかがったのは千葉県のとある高校。先生は現役の高校教師なので、放課後に化学室にお邪魔することになったのだ。先生は写真のようにまだお若い、スッキリとした教員！　白衣かと思ったらエプロンなんかしちゃってて、話もうまくてわかりやすい！　ちょうど新米の理科教員の指導もしているということで評判を聞いてみたら、人気のある先生だとのこと。これはいままでにないタイプだ！　なんなら物理が専門の新米教員も、先生によって化学に目覚めるという状態。これはすごい。

化学室には写真のように、所狭しと謎の実験道具が山積みになっている。先生は、「大道仮説実験」という実験手法を採用して実践している、数少ない教員だ。理論や法則を、実験を通して目の前で体験し実証するタイプの演繹《えんえき》的な実験とはちがい、ひとつひとつの現実にぶちあたっては自分で理論を構築していくタイプの帰納的な手法を採用しているのだそうだ。国内でも少数派で、テレビなどに出ている演繹的実験をパフォーマンス的にみせて人気のある先生とは、実は似て非なる、というか真逆の立場の先生だった。

話しながら、コーヒーカップにインスタントコーヒーを入れて、目の前でその音の高まりを見せてくれた！

そう、まさにこの論文は、そんな帰納的実験を常日頃から標榜《ひょうぼう》している先生だからこそ「気づき」を拾えた論文だったのだ。時間はかかるが、学問とはなにか、証明するとはなにか、突き止めるにはどういう段階が必要か、そんなことをこの実験を通して教えていらっしゃる。

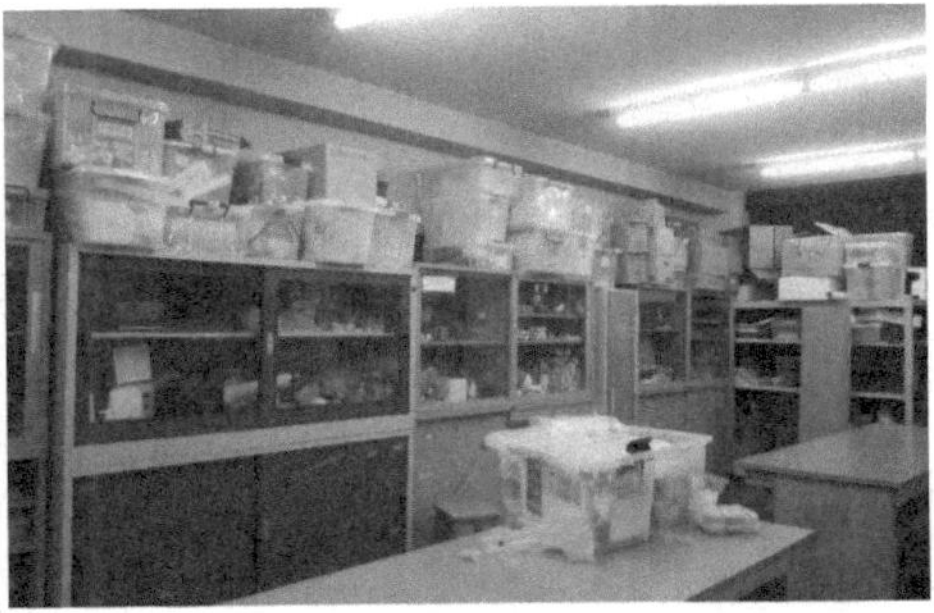

先生の自作の道具で教室の棚は埋めつくされていた。

塚本浩司先生には板倉聖宣《きよのぶ》先生という師匠がいる。１９６３年に大道仮説実験を開発した科学史の大家だ。しかし、この手法を採用したことにより、板倉先生は学界では完全に異端の者となった。が、このようにして80歳を過ぎた今でも弟子たちを育てつづけて、脈々とその魂の継承を行っている。

そもそも、「実験」は、１６００年代のイギリスの王認学会（ロイヤル・ソサエティ）での、貴族たちの知的エンターテイメントだった。むしろマジックに近いものだったという。楽しいものだったのだ。真実に辿《たど》りつくためのプロセ

目の前で実践

スとしての実験を、元来持っていた「楽しさ」とともに復活させたのが大道仮説実験なのである。ガリレオの遺伝子が板倉先生に継承され、塚本先生によって、たとえば「コーヒーカップとスプーンの接触音の音程変化」というものになった。

調べていくと、板倉先生も塚本先生もとても有名な先生で、日本中で大道仮説実験のセミナーを行っていたり、多くの著作を著している。塚本先生もその他の実験でメディアに出たこともあって（すっとびボールという、スーパーボールを重ねたものを上から落とす実験など）、論文も精力的に発表している。毎朝3時に起きて研究をし、だれよりも早く学校にきて準備をする。学校にある先生の本棚には洋書の専門書が並び、机の上には珍奇な人形やおもちゃがごちゃごちゃしている。どれも実験、そして授業に活《い》かすためである。なにより先生が一番楽しそうなのだ。

先生は山岳部の顧問もなさっていて、やんちゃな高校生たちと山登りなんかもするアウトドア派でもある。クライミングがしたいという生徒のために、学校にナイショで一日で鉄骨を組んで、どえらい壁を作ったこともある。その壁は本来ならば怒られるところが、校長先生が洒落《しゃれ》がわかる人で結局そのまま使っていいことになったらしい。こうした話を聞くに、つくづく教育ってこういう人たちによってなされるべきだよなァって思う。

先生とはその後も親交が続いている。フェイスブックにも毎回おもしろい記事が載っている。私の開催したイベントにも呼んで、実験を披露してもらった。

研究している本人が一番ワクワクしている。ヨダレたらす勢いで楽しんでいる。それが正しい研究のあり方だ。

この文庫が出ている現在では、先生は一念発起して、大学に転職なさった。物理教育、科学教育をこれから先生になる人たちとともに研究しているようだ。うれしい。

先生の著作（共著）『科学開講！京大コレクションにみる教育事始』（LIXIL BOOKLET）『衝突の力学』（仮説社）ほか多数

検索⇓板倉聖宣（NPO法人　楽知ん研究所HP）

塚本先生は、高校では山岳部の顧問もなさっており、ロッククライミングがしたいという学生のために、ある日校舎に巨大な壁を作った、という傑物であった。毎朝三時に起き研究をして、学校へ行き、授業に向かう。部屋は、世界の実験おもちゃと洋書が並んでいた。

# 六本目
# 女子高生と「男子の目」

「男子生徒の出現で女子高生の外見はどう変わったか
—母校・県立女子高校の共学化を目の当たりにして—」
白井裕子　2006年　『女性学年報』第27号

## 福島県の男子校・女子校がすべて共学に！

みなさんの通っていた高校は、共学校だっただろうか、男子校あるいは女子校だっただろうか？

人生は一度きり、高校に通うのも一度きり（たまに二度、三度の人もおられるが）。共学校を選ぶか、男子校あるいは女子校を選ぶか、というのは、その後の人生にものすごく色濃く影響を残すと、男子校出身の私は思うのである。

男子しかいない学校、女子しかいない学校の、あの独特の空気感というのは、経験した者でなければわからない。東京の中高一貫男子校に通っていた個人的な経験でいうと、異性の目を気にせず溌剌《はつらつ》と学園生活を送る楽しさと、異性のいない寂しさが、だいたい1対9くらいの割合でせめぎあっているのが、男子校である。とはいっても積極的な連中は、しっかり他校の女子と交際していた。しかし、そんな社交グループに入れなかった人たちも、男子校・女子校出身者には多いと思う。モテない人は、男子校だろうが女子校だろうが共学だろうが、どこにいてもモテないのであるが、「男子校出身だから」「女子校出身だから」と、それぞれの出身者は言い訳しやすい。本質に気づくまで時間がかかるものであったりする。

この論文の筆者の白井さんは、福島県のとある女子校に通っていたらしい。3歳年下の妹さんも、おなじ高校に入学したのだが、その学年から学校が共学化された。共学化されたのはこの学校だけではない。県内84の高校のうち、男子校11校、女子校11校の計22校あったのが、「男女共同参画社会づくりの一環」で、1994年度から2002年度にかけて、すべて共学化されたのである。

「女子校だからこそ、何事においても女子生徒が積極的に行動でき、自立できる」と考えていた白井さんが、「共学化しちゃうってどうなの？」という視点で研究したのが、本章で取り上げる論文なのである。

白井さんによると、生徒会長、部活の部長、合唱コンクールでの仮装、体育祭での髪を振り乱して戦う姿……これぞ女子校ならではのものなのに、それがいまやどうだ!? 共学化してからの女子はふがいないぞー、と、私憤に駆られた、熱き血潮の論文である。

## 桜の園・女子校の実態！

白井さんはまず、自分の学年、つまり「女子だけですごした学年の人」と、妹の学年、つまり「共学化最初の学年の女子生徒」に、それぞれ次のようなアンケートをとってみた。

・登校中・学校内・放課後、それぞれどのような服装でいることが多いか
・学校指定以外の靴下を履くことがあるか
・学校に化粧をしていくことがあるか

なにこの風紀委員ぶり！　なんだかおちょぼ口の三つ編メガネ女子が小姑みたいに生徒に質問しているような姿が浮かぶ。実際はそんなことないのだろうが。

すると、こんなことがわかった。

・女子校の生徒は、登下校中は上下ともに制服を着用するが、学校に到着すると、スカートから動きやすい運動着に着替える

これに対し、

・共学化された生徒は、一日中、おなじ制服で過ごしている

という。
えっ？　女子校ってそうなの!?　清楚な制服姿でいるのは学校に到着するまでで、

学校に入ったら体育の時間でもないのに運動着……。どんな運動着なのかは気になるところだが（ジャージってことだろう。さすがにブルマーはアニメの中だけである）、まさか制服を「外出着」として割り切っていたとは。

さらに、

・靴下も、女子校の生徒は、学校と、放課後で、履きわける

ということもわかった。

どうだろう。女子校出身の読者は、思い当たるところがあるだろうか？　女子校女子にとって、おしゃれはあくまで「外向け」であって、学校は「外」ではないのである。

また、共学女子は女子校女子に比べて、化粧を「毎日する」「ほぼ毎日する」と回答した人が多く、普段から「おしゃれ」度合いが、相対的に高いということも判明した。

そうだったのかー。こう見えて、国語科の教員免許を持っている私の夢は女子校の教師であるが（教育実習も男子校だった）、夢が叶ったとしても、「女の子っぽさ」に触れることは少ないらしい。学校では、化粧もせずジャージ姿だ。たぶん私なんぞは

リスペクトもされず、思いっきりタメ口でバカにされ、授業を聞いてももらえない……。思わず、夢をブチ壊すな、と絶叫したくなるようなデータである。

さらにアンケートによって、共学女子は、男子の存在に無自覚なまま、女性っぽくなっている、ということもわかった。というのも、「おしゃれは男性からの目を気にしてするものではない」というアンケート結果が多かったにもかかわらず、化粧をするコの割合は、女子校女子よりも高かったからである！　データから、こういうことを読みとるんですね。

アンケートを全面的に信用するわけにはいかないが、異性の目があるということは、これほどまでに日常の生活スタイルを変えるものなのである。「おしゃれは男性からの目を気にしてするものではない」という「おしゃれ観」こそ、共学女子の余裕の表れである。本音をいえば男子を意識しているのかもしれないが、それを口にしてはならない、という考え方自体が、「おしゃれ」なのである。あるいは、同じ空間にいる同性へのけん制もあるのかもしれない。しかしそれとて、異性があってはじめて成立する「お互いの監視」があるからだろう。化粧の上手い大人の女性がいたら、共学出身だと思っていいのかもしれない。

個人的には、女子校には、男っぽいというか、憧れの先輩というか、ラブレターをあげたくなっちゃうような、恋心を抱かせる先輩もいるんじゃないの？　と期待して、女子校女子こそ清楚でいてほしいと思っていたのだが、残念ながら少女漫画の読みすぎだったようだ。そんな「桜の園」への憧れも、男子校出身者ならではのものというわけである。

**「卒アル」チェック！**

次に、白井さんが注目したのは「卒アル」。「卒アル」といっても「卒倒アルコール」ではない。「卒業アルバム」。現代の若者は略して「卒アル」という。

おなじ福島県内で、A＝自分の出身校（当時は女子校）、B＝自分の出身校と同じく女子校から共学校になった別の高校、C＝男子校から共学校になった学校の計3校について、自分の学年と妹の学年の「卒業アルバム」を入手して（3×2で計6冊）、外見がどう変わったかに着目したのである。

具体的には、卒業アルバムにのっている個人の顔写真を、髪型、表情、服装などさまざまな観点から分類したのである。新しい卒業アルバムの使い方である。

すると、

・「女子校」時代の女子より、2校とも「共学化後」の女子のほうが、髪が長い！
（約30％から約40％に）

・「女子校」時代の女子より、「共学化後」の女子のほうが、ウェーブヘアが多い！
（A校では3％から9％に）
・「女子校」時代の女子より、「共学化後」の女子のほうが、歯をみせて笑っている写真が多い！（A校では65％から74％に）
・「男子校」から「共学化後」の女子高生よりも、「女子校」から「共学化後」の女子のほうが、笑顔が多い！（51％対74％！）

ちくしょー、どんどん女らしくなってきやがって、色気づいてんじゃないわよ、という白井さんの声が聞こえてきそうである。髪型がより女性らしくなっているのはわかるが、笑顔の確率まで上がっているとは……。女子校ってどこまで暗いのだ、いや、男子の存在って、どこまで女子を笑顔にさせるのだ!?「コイツ、笑っていやがる！」と、苦虫を嚙み潰すような白井さんの姿を思うと、もはや同情を禁じえない（私の妄想であるが……）。

さらに、である。

・「女子校」時代より、「共学化後」のほうが、体を少し斜めに傾けて写っている女子が多い！

「だからなんなのだ」と言いたくなる発見であるが、白井さんにとってはそうではない。大問題なのだ。彼女は論文中、この体を斜めに傾けて写っている生徒をさして、「『ぶりっ子スタイル』を演じている」と断言しておられる。論文て、真面目な文章のなかに、ふとこういう決めつけみたいな表現がたまに出てくるところもおもしろい（上野千鶴子さんの文章からの引用なのであるが）。「ぶりっ子」ってそうだったのか。写真を撮られるとき体を斜めにするのは、旅先でのオバちゃん軍団だとばかり思っていたが、私が甘かったようだ。

集合写真にも目を光らせる白井さん！

・体育祭の写真は、全18枚中、なぜか男の子しか写っていない（もしくは男子生徒中心）写真が7枚もあり、男が多い！
・競歩大会・マラソン大会の写真も、全24枚中、男子生徒のみが被写体になっているのが18枚！

もっと女の子写せやコラー！　と。

私も同感です。そこだけは。女子のみの写真もいいもんですよ。「これらのことから、写真を撮影する者（カメラマン）や掲載する写真を選択する者（各クラスから数名ずつ選出されるアルバム編集委員）に、「スポーツ＝男性」という規範が存在しているのではないかと推測できる」と鼻息あらい。

・学園祭や合唱コンクールでは、女子の服装がおとなしくなってる！

論文をよく読むと、白井さんが女子校に在学中は、こういうイベントごとの際のコスチュームは、頭からすっぽりかぶるタイプのお面（馬や大仏などの〝色モノ〟）が定番だったのに、共学化したとたん、浴衣姿やメイド姿になってる！　これは許せない！　ということだそうだ。

この論文、学問的には男女の性差を考える「ジェンダー研究」のジャンルということになるのだが、こういうことからも、「バラエティもの」や「スポーツもの」は「男の役割」というジェンダー規範が、共学校では無意識に生まれている、ということがわかる。女子校では当然女子しかいないから、「バラエティもの」も「スポーツもの」も女子がやるしかない。その役割を誰が担うかを決める過程で、「社会性」も生まれてこようものである。しかし、共学化すると、「これは男の役割」「これは女の役割」というぐあいに自然に分かれてしまう。

白井さんは、共学化したこと自体が悔しいのではなく、女子校時代に培ったそういう「社会性の芽」が、卒業後の自立につながるかもしれないのに、共学化することでその芽を摘んでいるようにも思える、と嘆いておられるのである。

女子校ならではの、女子による「ハッスル」がなくなってしまっている、という寂しさを、この論文はデータで教えてくれたのである。

白井さんの論文には妹さんの意見がところどころ出てくるのだが、共学化してから女子生徒の化粧する割合が高くなったのは、妹さんによると、「勉強はどうでもよくなって化粧とかばっかりしてるんじゃない?」ということらしい(実際、共学化に関するほかの論文を読むと、多くの場合、女子校は共学化すると偏差値が低くなり、男子校は共学化すると偏差値が高くなる、というデータが出ている)。ミもフタもない結論であるが、そんなところもこの論文の味わい深いところである。

## マラソン、マラソン、またマラソン

かくいう私の高校時代を振り返ってみると、こんなの男子校でしかあり得ないだろう！　みたいなイベントがけっこうあった。

5月に「大菩薩峠越え強歩大会」という、夜中24時に懐中電灯とおにぎりと水筒持参で、標高1897メートルの峠目指して黙々と山を登る、というイベントがあり、体育の授業はそれに向けての体力づくりのため、ずっと「マラソン」だった。

夏は、学校にプールがないため、海で「遠泳」の授業（泊まりがけの合宿）があった。それも白いふんどし締めて……。「のし」という、日本の古式泳法で10キロほどの距離を泳ぐため、体育の授業はそれに向けての体力づくりのために、ずっと「マラソン」だった。つまり、1学期の体育の授業はすべて「マラソン」だった。

また、秋、2学期になると、創立記念日に「10キロマラソン」というイベントがあったので、体育の授業はそれに向けての体力づくりのため、ずっと「マラソン」だった。

つまり春から秋にかけて、体育の授業はずっと「マラソン」だったのである。

冬になるとようやくマラソンから解放されるのだが、ほっとしてなんかいられない。早朝6時の「寒稽古」が3週間も続くからである。ひたすら剣道、柔道、あるいは「5キロマラソン」をするという日々……。

そんな環境に中高6年間置かれたおかげで、大学に入るころには、女性となにを話していいかわからない体になっていて、女性と普通に話せるまで、丸4年かかってしまった。

私の母校が、いまさら共学化しようものなら、私は怒りに打ち震えるだろう。チャラ男の姿を見かけようものなら、「なに茶髪にしてんだー!」と怒鳴りつけるにちがいない。

男子校に入ったことで、ジェンダーの意識にどういう影響があったのか、私自身はわからないが、なかには女性的な男になったやつもいたんだろうか？　いや、身の回りのことすべては、自分1人でやれるようになる、という姿勢は、もしかしたら女性がアシストしている部分も自分でやろうと思っている、ということなのかも。軍人養成校のような学校だったのでとてもそんなことを調べる精神的余裕はなかったが、もしいまあの学校が変わっていたとしたら……白井さんの気持ちはわかるような気がする。

# 七本目
# 「猫の癒し」効果

「大学祭における「猫カフェ」の効果
―「猫カフェ」体験型のAAE（動物介在教育）が来場者に及ぼす影響―」
今野洋子、尾形良子　2008年　『北翔大学北方圏学術情報センター年報』

## 猫のリラクゼーション効果

猫。

「この世でどう猫に接するかが、天国でのステータスを決める」

――ロバート・A・ハインライン

「猫の愛より偉大なギフトがあろうか」

――チャールズ・ディケンズ

「猫は絶対的な正直さを持っている」

――アーネスト・ヘミングウェイ

古今東西、例を挙げればキリがない。ムハンマドから夏目漱石まで、猫好きの偉人は数知れない。

猫は、この地球のヒエラルキーの頂点に君臨する。人間が「面倒をみさせていただいている」存在である。犬好きの人たちとちがって、猫を愛する人たちは、どこかこうしたドMなところがある。

なにを隠そう、私も猫を飼わせていただいているのだが、ホント、客観的にみて、ウチの猫ちゃんはいままで見てきたどの猫と比較しても、たぶん宇宙一カワイイ。

猫好きはみんなこういうことを言う。

けれども「いやいや、犬は番犬みたいに役に立っているけど、猫はなんの役にも立っていないじゃないか！」という人は多いだろう。

私から言わせれば、役に立たないのに飼わずにはいられないからこそ猫は偉大なのだと思う。今回ご紹介する論文は、そんな猫の、リラクゼーション効果について研究したものである。実は猫も人の役に立ってるんだぞ、リラックスできるんだぞ、ということを証明しようとした研究である。

ただ、これは私の推測だが、おそらく、この論文を書いた今野先生、尾形先生も、ただ単に猫が好きだったのではないかと思われる。でなきゃ、やんないよねたぶん。

## 「猫カフェ」の実態

タイトルにもあるとおり、この論文は、大学の学園祭で「猫カフェ」を実施し、その来場者にアンケートをとり、猫カフェでの体験が人間にどのような効果を及ぼしたのか、ということを調査した研究である。

来場者は、男性30名、女性84名の計114名。平均年齢21歳。このデータだけを見ると、「女性に会いたいなら猫カフェへ行こう」と言いたくなってくる。猫と女性をいっぺんに堪能できる最高のスポットだ。

ところで、読者諸兄は、「猫カフェ」なるところに行ったことがあるだろうか？

「まだ行ったことがない」という方のために、この学園祭でやった「猫カフェ」がどういうものか、論文から引用してみよう。

「茣蓙を敷いて座布団を配置したスペースとソファやイスに座るスペースに分け、入口でスリッパに履き替えて入り、くつろぎながら猫と触れ合うことができるよう工夫した。

猫用ベッドや猫ツリー、猫のおもちゃを部屋の中に置いた。

隣の部屋で飲み物や食べ物を購入し、それらを持って猫のいる部屋に入り、自由に猫との触れ合いや遊びを楽しめるよう、また猫のＤＶＤ観賞ができるようにした」

――どうだろう、この至れり尽くせりな感じ。猫のＤＶＤまであって、見取り図をよく見ると、壁には猫の写真まで飾ってある。まさに猫づくし！

だが、猫アレルギーの方にとってはまさに地獄のような空間であろう。「猫さえいなければ最高なのに」と思うような場所かもしれない。

そんな猫が苦手な方は、「猫」＝「かわいい女の子がいる場所」、あるいは「超イケメンがいる場所」と頭の中で変換していただきたい。要するに、キャバクラやホストクラブみたいなものである。壁にはアイドルっぽい女のコ（あるいはイケメン）の写真が飾ってあり、テレビ画面には女のコ（あるいはイケメン）のカワイさ、カッコよさを３６０度味わえる映像が流れており、まるで我が家にいるような空間で、彼ら彼女らと飲食をともにできるのである。最高ですよね？　猫が苦手な方は、そういったわけで、これ以降「猫」を「女」あるいは「男」に置き換えてお読みいただきたい。

さて、この猫キャバ、もとい、猫カフェには、調査資料を読むと4匹の猫がいる模様。写真入りで、「猫カフェ」の猫たち一覧という表にまとめられている。

4匹の名前は、「ピアノちゃん」「ちこちゃん」「びびはちゃん」「ここっとちゃん」。19歳から1歳まで取り揃えております。小さい子から熟年まで、「うちにはいい子いまっせー！」と思わず叫びたくなってしまう。

で、一覧表（118ページの図参照）をよく見ると、「獲得済みの技能」という項目がある。なんだろう、この無粋な言葉は！

おそるおそる読んでみると……。

・おもちゃなどで一緒に遊べること
・ひざの上に抱かれること
・人になでられること

これ全部技能だったのか！　修業して身につけるものだったのか!!　猫の手の平の

表1.「猫カフェ」の猫たち一覧

| | ピアノ | ちこ | 美々葉（びびは） | 虎々冬（ここっと） |
|---|---|---|---|---|
| | 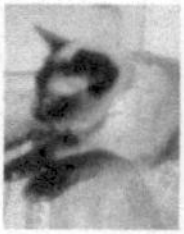 |  |  |  |
| 雌雄 | ♀ | ♀ | ♀ | ♂ |
| 種類 | シャム | Mix | Mix | Mix |
| 毛の色 | シールポイント | 白黒斑 | 黒 | シルバータビー |
| 目の色 | 青 | 黄緑色 | 黄色 | 黄色 |
| 年齢 | 19歳 | 13歳 | 2歳 | 1歳 |
| 体重 | 2.8kg | 2.6kg | 2.2kg | 4.7kg |
| 予防接種 | 済（3種混合ワクチン：猫ウイルス性鼻気管炎・猫カリシウイルス感染症・猫汎白血球減少症） | | | |
| 健康診断 | 1年に1回必ず受診、検診結果いずれも異常なし | | | |
| 爪きり | 済 | | | |
| 獲得済みの技能 | ・人になでられること　・ひざの上に抱かれること<br>・おもちゃなどで一緒に遊べること<br>・爪とぎなどや排尿および排便を決められた場所以外でしないこと | | | |

上で踊らされている人間……。

　しかし、ここで傷ついてはいけない。あくまでこのカフェにいるのは、「プロ」の猫さんなのだ。そんじょそこらの素人猫とは訳が違うのである。そこをわかった上でなお、猫さんたちと一時の享楽と幻想が味わえる、それが猫カフェなのである。

## 猫は猫好きの人間を見分ける

　さて、気になる結果である。まず「猫とどのようにふれあったか」。複数回答可。

　なんだか、ドキドキする。何度も言うが、猫が苦手な方は、猫を「美女」あるいは「イケメン」と変換して読んでほしい。

1位「触った」75・5％
↓いわゆる「おさわり」である。ほとんどの猫がおさわりＯＫだったなんて。良心的なカフェである。
2位「見た」68・2％
↓「見ているだけで、幸せ」ということだ。手を出せないくらい好きな気持ち、私にはよくわかる。
3位「一緒に遊んだ」20・0％
↓たぶん「同伴出勤」的な感じだろう。ここまでいくとかなりの手練《てだれ》である。
4位「抱っこした」7・3％
↓キャー、ヤラしい！　あんなカワイイものを初めて会った日に抱っこするなんて！
　さすがにここまでできる者は10人に1人もいない。
……と、全部当たり前っちゃ当たり前なんだけれども。
ちなみに、抱っこできた人は、実は猫を飼っていた経験者が多い、ということもわかった。猫は、人間の身体の微妙な動きや匂いに敏感で、猫好きの人間を見分けることができ、猫好きの人に、より近づく傾向があることが確認されているらしい。なので、抱っこまで進むことができたのは、猫から近寄ったことも大きい原因だ、と分析している。猫も人を見るのである。

## 至極当たり前な結果

続いて、猫カフェを訪れた人たちの「感想」。せっかくなので、論文に掲載されていたものを、ランキング形式で発表しよう。

5位「やわらかかった」46・4％
4位「ふわふわしていた」52・7％
3位「和んだ」62・7％
2位「癒された」65・5％

そして、堂々の1位は、73・8％の人が答えた「かわいかった」!!

キタ━!! そうだったのかあ、やっぱり猫ってかわいかったんだ━!! って、わかってるよ、そんなもん。それが言いたいだけでしょこれ。

しかし、ここでは「猫がカワイイかどうか」は関係ない。重要なのは、猫と触れ合って具体的にどういう点にポジティブな感想をもったかということである。そして、感想のほとんどは、右のようにポジティブなものだったという。そりゃそうである。そもそも猫が苦手な人は猫カフェには来ないからだ。

感想のコメントとして、論文にはこう書かれている。

「猫カフェという、一時的な出会いの場所であっても、「猫」の存在に目を開かせ、猫への興味を引き出すことができたといえよう」！

一時的な出会い……ワンナイトラブですか！　それも、プロの猫さんたちだからこそできたことなのかもしれない。

## 動物が人に与える影響に関する研究

ここからは、少し真面目な話をしよう。

動物が人に与える影響については、海外でも積極的に研究されている。たとえば、犬に関する研究では、飼い犬とはじめて会った犬とでは、【人間に】与える影響の度合いが違うという結果が得られている。

しかし、この論文の場合、猫カフェでは初対面の猫でもみなさんの心を癒しますよ、ということを実証した。飼い猫に癒されるのは当たり前かもしれないが、はじめて会った猫でも効果は得られるし、あるいは猫を飼ったことがない人でも猫によって癒される効果があるのである。

この論文を、こうした動物が人に与える影響を調査した研究のなかに位置づけると、大きな意味をもつのである。

また、毛で覆われた動物に触れると、心臓手術後の患者の回復を促進することが確認されたという研究結果もある。動物に触れることが、人の心臓血管系に直接影響を与えるということらしい。つまり、心だけではなく、身体にも効果テキメンということがわかっているのだ。

そして、こうした研究結果を受け、海外では教育の現場で猫や犬に触れさせることも行われている。そうすると、問題行動を起こす児童の数が減少したり、成長期特有のイライラなども激減するという。日本でも震災後に、学校に動物を連れていき、生徒が触れ合うことで、彼らの心のケアをするという活動が報道されている。

実はこの論文の趣旨も、「動物介在教育」という、動物を教育の現場に活かそうというものだったのだ。

## 壮大な締めくくり

論文に話を戻そう。

珍論文研究をやっていて味わい深く思うのは、ほとんどの論文の末尾にある「課題と展望」というところである。「猫カフェ」論文では、以下のような"反省文"が載って いた。

「技能を獲得した猫であったが、『猫カフェ』当日に、積極的に活動できなかった猫もいた」という猫に対するダメだしである。いかにプロの猫さんであっても、人見知りする猫がいたという事実にジワジワくる。

でも、「猫カフェ」を訪れたことによって、動物を飼いたい、と思う人が増加した、という結果も得られた。ペット産業は2兆円市場とも言われているほどで、悩みを抱える現代人の多くがペットに頼っているのかもしれない。ただ、飼うのだったらそれなりの責任も発生してくることにも注意はしたい。

そして、この論文のまとめとして、なぜか壮大な締めくくりが用意されていた。

「『小さな猫は、自然が作った最高傑作である』とは、イタリアの天才レオナルド・ダ・ヴィンチの言葉であるが、大学祭企画『猫カフェ』においても、このことばが真実であることが示されたのではないか」

いやそれは大げさだろう！

ダ・ヴィンチに言ってやりたいです。「うちの猫こそが、最高傑作である」と！

## Column.5　画像がヘンな論文たち

研究者はいたって真面目である。真面目なんだけど、どう見たってヘンなことになっている論文は無数に存在する。それを顕著に示すのが、資料として画像を豊富に扱っている論文だ。

■高島愼助（２００７）「山梨県の力石」『四日市大学論集』19－2

力石、りきいし、ではなく、「ちからいし」。

日本にはその昔、村の力自慢たちが、「じゃあホントにどっちが力持ちか、試してみようじゃないか」ということで、神社などに大きな石を置いておき、それを持ちあげられるかどうかを競うという慣わしがあった。その、神社などに置いてある大きな石を「力石」というのだそうだ。ものを計るときにも使われ、それを持ち上げた人の名前が刻まれることもあった。ものによっては、いわれが書かれているものもある。

そんな日本全国の「力石」を研究しまくっているのが、高島先生。一生をかけ

山梨県の力石

写真1

写真2

写真3

写真4

写真5

写真6

てこの人は「力石」を追いかけ続けているのだ。私が個人的にお話をうかがってみたい研究者の1人なのだが、この先生の論文は当然、石グラビアである。

前のような画像ページが延々と続く。興奮して写真に収めている先生の姿が想像できよう。あらゆる角度から観察して、なにか刻まれている文字はないか、チェックしているのだろう。幸か不幸か、力石に国宝や重文指定されているものはない。触り放題である。

■田中恭子ほか（2007）「洗面ボウルの大きさと使いやすさに関する一実験」『実践女子大学生活科学部紀要』44

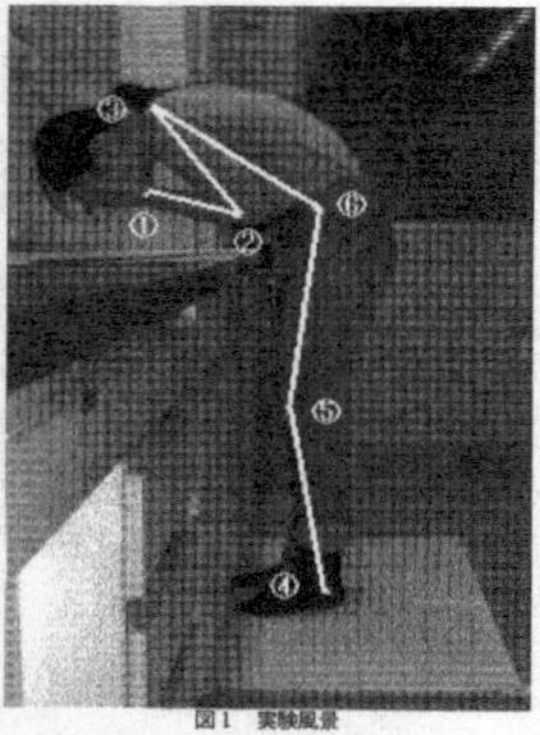

図1　実験風景
注：①橈骨茎突点、②橈骨点、③肩峰点、④外果点、⑤大腿骨外側上顆点、⑥脛骨稜点

ここまでしますかね？　洗面ボウルの大きさと使いやすさを考えるために、ここまでしますかね⁉

「感覚」に頼らない姿勢が研究者の執念を感じさせる。

ちなみに、4名の著者が書いた論文なのだが、大の大人たちがこれだけ真剣にやっていることなのだから、なにかすごいことなのだろう。2007年にもなって、やっていることなのだから、きっとすごいことなのだろう。

このほかにも、ひたすら二宮金次郎像を撮影しまくった論文とか、ひたすら栗を撮影した栗グラビアとか、「歯」という文字だけを古来のテキストからひろってきて撮影しまくった論文とか、枚挙にいとまがない。

専門家にとって「小さな違い」などといったものは存在しない。すべての「違い」が「大きな違い」なのだ。「違う」ということだけで大きな情報なのだ。

バリエーション収集系の論文も、口でいうより画像で見せたほうが早い系の論文も、すべては真実を知りたい、という一念で書かれている。
改竄などしてはいけません。

# 八本目
# 「なぞかけ」の法則

「隠喩的表現において“面白さ”を感じるメカニズム」
中村太戯留　2009年　『心理学研究』第80巻 第1号　日本心理学会

## AとかけてBと解く　その心はX

みなさん、「なぞかけ」はご存じだろうか。
たとえば、
●「出版社」とかけて「刑務所」と解く　その心は「校正（更生）が必須です」
のようなものである。元・Wコロンのねづっちが得意とする、アレである。
ほかには、
●「メディア」とかけて「プレゼント」と解く　その心は「素敵な放送（包装）が命です」
とか。
有名なのだと、
●「うぐいす」とかけて「田舎の弔い」と解く　その心は「鳴き鳴き（泣き泣き）

梅（埋め）にいく」

なんていうのもある。

なぞかけはこのように、すべて、「AとかけてBと解く　その心はX」の形になっている。Xが、AとBの共通点であることはおわかりだろう。そのXは同音異義語であったり、1つの言葉で複数の意味を持つ多義語であったりする。

今回取り上げるのは、そんな「なぞかけ」を研究した論文である。

この論文の画期的なところは、学生数人に共通のお題で「なぞかけ」をつくってもらい、その「なぞかけ」のどこがおもしろいか、客観的にデータ化したところにある。

これは私の専門である、笑いの言語学的アプローチに非常に近い研究なので、大変興味深く読んだ。最初から最後まで、人が生きていくうえで、なんの役にも立たないことばかりであるが、そのムダの中にある奥深さを噛み締めながら読んでいただきたい。

## なぞかけと比喩は近い!?

で、このなぞかけの「AとかけてBと解く」というのは、実は「隠喩《いんゆ》」という、比喩の一種なのである。

比喩のなかには直喩と隠喩があり、直喩は、「まるでAはBのようだ」という表現形式である。これは見ての通り、AがBに直接喩《たと》えられているからスッキリする。傍線の「まるで」「のようだ」があるから比喩とわかる。

一方、隠喩というのは、「AはBだ」という表現形式で、ここには「まるで」とか「のようだ」という言葉がない。それでも、AとBには共通する「X」があって、それを「隠して」いるから隠喩と呼ばれるのだ。

ただ「Xを隠している」とは言っても、よほど複雑な表現でなければ、Xが何であるかは自然に分かるようになっている（逆に言えば、分かるような喩えでなければならない）。

たとえば、「君は太陽だ」という隠喩表現の場合、「〝君〟は杉浦太陽かな？」「じゃあ〝私〟は辻ちゃんかな？」とか思う人はまずいないだろう。読み手はこの表現を比喩であると理解したうえで、「君」と「太陽」の共通点、すなわち「明るい」とか「眩しい」ということを見つけていくのである。

この受け手が「見つけ」たり、反対に作り手が「隠し」たりするところに、隠喩の妙味がある。たとえば、女性の太い足を表現する場合、直喩で「君の足はまるで大根のようだ」とすると身もフタもないが、隠喩を使って「君の足は練馬の名産品だ」と遠まわしに言うと、ちょっと品がいい。

論文の著者である中村先生は、このような隠喩表現を探求していくなかで、おなじ構造をもつ「なぞかけ」にたどり着いたというわけである。

そして、なぞかけには、当然「おもしろいもの」と「おもしろくないもの」がある。その違いはどこから生まれるのか、それを考えてみようというのが、この論文の主旨なのである。

## 「おもしろさ度」とは？

この論文では、「なぞかけ」について、２段階に分けて研究している。段取りとしては以下の通りだ。

（１）学生56名に「なぞかけ」をつくってもらう。
（２）ほかの学生17名に、その「なぞかけ」を読んでもらって、どれを「おもしろい」と感じ、どれを「つまらない」と感じたのか、そのデータをとる。

実はそれだけでは終わらない。「おもしろい」と評価された数から、「つまらない」と評価された数を引いて、「おもしろさ度」なる数値まで出したのである！

なにこの「おもしろさ度」って⁉　自分に「おもしろさ度」の数値がつけられたら、あなたはどう思うだろうか？　「キミは『おもしろさ度１』の人間だね」なんて言われたら結構キズつきそうだ。しかしおもしろい発想である。

私なんて芸人であるから、この数値は直接生活に関わってくる。「ど〜も、『おもしろさ度3』のサンキュータツオです。去年までマイナスだったんですけど、今年なんとかプラスになりました」と、これじゃ、商売あがったりだよ！

私のことはさておき、話を前に進めよう。笑いに関する研究のなかでは、つねに「おもしろいって誰が決めるの？」「この例おもしろいの？」ということが議論になってしまうが、それを「おもしろさ度」として数値化して、文句を言わせなくしている点が、この論文のすごいところなのだ。

まず（1）で、学生がどんななぞかけをつくったのか。

中村先生は、「AとかけてBと解く」の「A」にあたる「お題」を8つつくって、ランダムに学生に渡し、「なぞかけ」をつくってもらった。

その8つのお題のなかから、「鉛筆」でつくったものを2つほど紹介してみよう。

●「鉛筆」とかけて「不良少年」と解く　その心は「やがて丸くなる」

●「鉛筆」とかけて「事実」と解く　その心は「簡単に消える」

う〜ん、間違ってはいないのだけれど、なぞかけにつきものの同音異義語（校正《こうせい》と更生《こうせい》のような）がないぶん、なんか不完全燃焼な作品に思えてしまう。まあ、「意味の重なり」を元になぞかけをつくった点は、新鮮と言うべきか。

ちなみに「鉛筆」のほかのお題には、「夫婦」「家族」「消しゴム」「友情」「青春」「学級崩壊」「構造改革」があった。時代を感じますな。みなさんも、どんななぞかけをつくるか、自分で考えてから読みすすめていただきたい。

次は（2）の評価について。

さきほど「おもしろい」「つまらない」の評価をする、と書いたが、実際は、もう少し細かい基準で分類している。この基準が注目すべきで、なんと「理由」で分類したのである。なぜ「おもしろい」「つまらない」と思ったか、その理由を明確にしたわけである。

理由には選択肢があって、「つまらない」については、「わからない」「当たり前」「異議あり」の3つのなかから、「おもしろい」については、「そうそう！（と共感できる）」「なるほど！（と納得する）」「うまい！（とうなる）」「おしい！（と思い色々と手を加えたくなる）」の4つのなかから、それぞれ学生に答えさせたのである。

「おもしろい」という言葉は安易に使われがちだけど、その「おもしろさ」のなかには実はいろいろな種類がある。その点を分析したところに、この論文の独自性があるのだ。

ではここで、学生から「おもしろい」ということで票を集めた3作品を紹介しよう。

●「構造改革」とかけて「ノッポさん」と解く　その心は「できるかな」

こちらは、「なるほど！」度が高かった。「できるかな」などと、やや上から目線のところがイラッとはくるものの、「構造改革」という硬いお題を、それとは何の関係もない子供向け番組のタイトルに着地させているところに、たしかに「なるほど」と思わせるものがある。

●「青春」とかけて「隠された上履き」と解く　その心は「頼むから返して」

こちらは「うまい！」度が高かったらしい。それにしても「返して」なんていう年ではあるまいに……。オジサンやオバサンだったら、「青春」のところに「髪の毛」や「お肌のハリ」などが入るのだろうか。まあ、この作品が多くの学生の共感を得たということは、彼らは青春を謳歌することもなく一心不乱に受験勉強に励んだのだろうか……。

●「消しゴム」とかけて「中間管理職」と解く　その心は「どちらも身を削ってます」

どうだろう。さすがに「なるほど！」度だけで8票も獲得しただけある。

この場合、17名のうちの9名が票を投じたのだから、半分以上が「おもしろい」と思ったのである。芸人をやっているからよくわかることだが、半分以上の人が「おもしろい」と思うのって、実は大変なことである。

ただし、作品のなかには、学生の評価はイマイチだけれど、私が個人的に「これは！」と思うものもあった。2つほど紹介してみよう。

●「消しゴム」とかけて「ごめんなさい」と解く　その心は「間違えてから初めて使う」

なんかポエムチックなこの作品。「なるほど！」度は先ほど紹介した作品と同様8票を獲得しているのだが、一方で「わからない」「当たり前」にそれぞれ3票ずつが入ったがゆえに、上位入賞しなかったのだ。

●「友情」とかけて　「演歌」と解く　その心は「〝こぶし〟で語り合います」

これにいたっては「わからない」に6票も入ったため、「わからないグループ」に分類されてしまった。

熱い友情の象徴でもある「拳」と、演歌の「こぶし」という、一見似ても似つかないものを結びつけた、非常に「うまい！」と思わせる作品だと私は思うのだが、最近の学生諸君には「わからない」らしい。

このように、「おもしろい」と思う人がいる一方で「わからない」人も多い、という事例を目の当たりにすると、芸人として身につまされるものがある。

この他「わからない」グループに入っている作品のなかには、

●「家族」とかけて　「インターネット」と解く　その心は「どちらも自律分散協調型です」

という、ほんとにわからないものもあったりする。わからなすぎて爆笑してしまったが、きっと、賢い学生の作品なんだろう。メガネかけてるんだろうなァ。

この論文では、なぞかけの「おもしろい」と「つまらない」の理由を分類したことの他に、なぞかけが「わかる」までの反応速度というものも測定した。つまり、なぞかけを評価する学生が、どれくらいの時間でおもしろさを理解できたかを調べようとしたのだ。

笑いに携わる人間として、ひと言言わせていただきたい。これは画期的だ！

なぜ、画期的かというと、笑いの研究において、この「理解の速度」はたびたび議論の対象になっていながら、「おもしろさ」同様、だれもそれを実証しようとしたりしてこなかったからである。

研究者のなかには、「笑いは意外性」と主張する人たちが大勢いる。それに対して、「だったら、推理ドラマなどで犯人が意外な人だった場合、それはおもしろいのか？意外性があればおもしろいのなら、なぜ犯人がわかっても笑わないのか教えてほしい」と反論する人がいる。反論する人のなかには、「意外性」ではなく、理解できるまでの「スピード」を問題に挙げる人もいる。彼らは「すぐにわかるからおもしろいのだ」と主張する。一方、推理の場合は、わかるまでに時間がかかる。「だからおもしろくない」というのだ。

文字にしてみて、この議論がいかにくだらないかを、改めて思い知らされるが、ともかく、笑いにおける「反応速度」を出すという試みは、こういう議論にも通じるものがあるのだ。

話を論文に戻すと、「反応速度」の測定方法は、学生が「なぞかけ」を読んで、おもしろさがわかったところで、パソコンのエンターキーを押してもらうというもの。その結果判明したことは、「強くおもしろい」（非常におもしろい）作品は「短い時間でわかる」ということである。これは、笑いの研究における定説どおりだった。

しかし、その一方で、「おもしろい」と思える作品は、「つまらない」と思う作品よりも「時間がかかる」ものが多かったのである。つまり、「その心は〇〇」と聞いてから、「あ〜っ！　なるほど！」と腑に落ちるまで少し時間のかかるものが多かったというのだ。あとからジワジワくる、というやつですね。これは非常に興味深い実験結果であった。

笑いと速度の関係に関する議論に、一石を投じたこの論文。研究者として、芸人として、おおいに参考になるのは言うまでもない。

相手に「おもしろさ」を感じさせるには、「AとかけてBと解く」という形式におけるAとBのつながりに、「なるほど！」とか「その手があったか！」と思えるだけの「意外性」がなくてはならず、それでいて誰にも「理解できる」ものでないといけない。「意外性」と「理解できる」というのは、矛盾した関係のように相性が悪いから、そのバランスが大事、というのが論文の結論だった。経験ではなんとなくわかっていても、それを数値化したりデータ化して、言語にして示すこと、これも学問の役割である。「趣味はなぞかけ」という人がいたら、是非念頭に置いてもらいたい成果である。

私個人としては、「意外性」と「わかる」のバランスについて、もう少し踏み込んだ研究論文を読んでみたい。そのバランスが理解できたら、芸人活動にもフィードバックできそうである。

＊――――ここで「「意外性」と「わかる」のバランスについて、もう少し踏み込んだ研究論文を読んでみたい」と書いたら、中村先生から「それに関して、二〇一七年八月に脳科学の観点から実験をした」と続報をいただいた。「「面白い」と感じる際には、脳内の「扁桃体（amygdala）」が重要な役割を果たす、というのが骨子」とのこと。
実験結果：http://doi.org/10.1080/17470919.2017.1365760
Nakamura, T., Matsui, T., Utsumi, A., Yamazaki, M., Makita, K., Harada, T., … Sadato, N. (2017). The role of the amygdala in incongruity resolution: the case of humor comprehension. Social Neuroscience, 0(0), 1-13.

# 九本目
# 「元近鉄ファン」の生態を探れ

「オリックス・バファローズのスタジアム観戦者の特性に関する研究
—元大阪近鉄バファローズファンと元オリックス・ブルーウェーブファンに注目して—」
永田順也、藤本淳也、松岡宏高　2007年　『大阪体育大学紀要』第38巻

## オリックスと近鉄

ちょっと前の話だが、2004年、55年の歴史を誇ったプロ野球球団、大阪近鉄バファローズが解散し、オリックス・ブルーウェーブから改称したオリックス・バファローズに吸収された（選手はオリックスと東北楽天ゴールデンイーグルスに分配）。

旧近鉄は、あの大リーガーの野茂英雄投手を輩出したチームだし、オリックスはやはり大リーガー、イチローを輩出したチームである。ともにパ・リーグでの優勝経験があり、スタープレーヤーだけでなく、いぶし銀の選手もたくさんいた。そんなチームどうしが一緒になったのだから、当時は「生きている間に、いろんなことが起きるんだなあ」なんて思ったものである。近鉄の大石大二郎、俊足で好きだったなあ。

そんな個人的感慨はさておき、この論文の趣旨は、

「スポーツ消費者を効率よくスタジアムに導くために、スポーツ観戦者の特性を把握し、それぞれの観戦者にあったマーケティング戦略を行う必要がある」

というものである。わかりやすく言うと、ファンは「人」（＝選手）を応援しているのか、「チーム」を応援しているのか、そして彼らは日々どういう暮らしをし、どのあたりから試合を観に来ているのか、ということを調査して、野球をはじめ、フランチャイズのスポーツチーム経営に活かそう、ということだ。

私がこれまでに目にしたスポーツ論文のテーマはというと、「剣道の竹刀中心回転の打突の研究」とか、超具体的な、「その道の人」のものばかりだった（これはこれでおもしろいのだが）。こういう経営の視点に立った論文って珍しいなーと思って読み進めていたら、意外や意外、ファンの生態をつかむにつれ、いろいろなことを考えさせられた。

## 結婚するなら「元近鉄ファン」！

で、この論文の著者たちが選んだ方法が「アンケート」。

アンケートというと、普通は、大学の先生が、自分のクラスやゼミの学生、知り合いのいる学校に頼むという、「発注方式」が多いのだけど、この人たちはすごい。

２００５年8月20日（土）に大阪ドームで行われた、オリックス・バファローズ対北海道日本ハムファイターズの観客約５００人にアンケートを取って、いったいどんな人たちがオリックスを応援しているのか、ということを調べたのだ。

こんなすごいことはない。今でこそスマホや携帯でチケット予約し、ファンの属性を把握したりするものだが、この論文は、そんな企業がノドから手が出るほど欲しいデータを人力《じんりき》であつめたのである。

自ら現場に足を運び、お客さんにアンケート用紙を配る、という、泥臭い研究手法。

しかし、現場でしか得られないデータを取っている点で、こういう論文の価値は大きい。その時代、その場所でしか得られないデータというのは、何年経っても有効だし、第一、合併直後のチームに関するデータなんて、なかなか取れるものではない。

オリックス・バファローズのファンは、旧大阪近鉄バファローズのファンと旧オリックス・ブルーウェーブのファンの大きく2つに分かれる。そのことを踏まえて、以下のデータをお読みいただきたい(以下、大阪近鉄バファローズは「近鉄」、オリックス・ブルーウェーブは「BW」と表記)。

■性別
元近鉄ファンのうち男性の占める割合が63・3%、元BWファンが同様に67・0%と、「共に男性の割合が60%を超えるという高い値を示した」
■年齢
元近鉄ファンが38・33歳、元BWファンが38・92歳、つまり両球団とも38~39歳。平均年齢38・63歳
■既婚率
元BWファンの既婚率は68・8%、元近鉄ファンは57・8%

はい、このデータからなにが言えるだろうか？

まず、この新球団は、「男の球団」だということ！　元ＢＷのファンなんか、70％近くが男性。学校で７割男子って、ほぼ男子校のノリである。で、年齢は約40歳。オッサン球団である。注目すべきは、既婚率。元ＢＷファンと元近鉄ファンで10％以上も違うのだ！

見えてこないだろうか？　神戸在住のセレブなパパが週末に大阪まで出向いてＢＷの試合を観に来ている姿が。その一方で、近鉄ファンの独身40歳男が、ツッカケでドームに来て、ビール片手にイカゲソをくわえている姿が（※あくまで私の妄想）。

でも、世の女性たちへ言いたい、婚活するなら断然「元近鉄ファン」だと！　なぜって、もはや恋人のような存在だった、愛着のある球団が消えた今も、律儀に恋人の面影を追いかけて、１人で球場に来ているこの情熱！　愛されたい、愛され続けたい、と思っている女性にとって、こんなにいい旦那さんはいない。

ただし、私の調査によると、日本全体の既婚率が、30代後半で65％くらいなので、むしろ元ＢＷファンが結構ちゃんと結婚しているってことである。恐るべし、神戸セレブ。ワイングラス片手に神戸牛をつまんで野球観戦してそう（※あくまで妄想）。

大事なことを申し添えるのを忘れていた。「フルタイムで働いている人」のデータがこの論文にはついていたのである。

■フルタイムで働いている人
元近鉄ファン58・3%、元BWファン57・3%

やべ！　婚活ちょっと待った！　土日でこのデータだから、平日だとどうなんだろう……。

いや、きっとチームを応援するために、野球観戦を生活の中心に据えている、肝の据わった人たちなんだよ、それだけ、愛が深いんだよ！　そういう人なら、一生愛してくれるよ！

ただ、結婚しても野球ばっかりで全く構ってくれない可能性もあるが。

それにしても、どうやって生活しているんだろう。待て、学生や子どももいるはずだ！　いや、しかし既婚率から見てみると、それに平均年齢も……。考えるのはやめよう。

その他の居住地のデータを挙げると、

元近鉄ファン：大阪府内が約70％（大阪市22・3％、堺市8・9％、その他の大阪府

表2　個人的属性

| | | 元近鉄ファン(%) | 元Bwファン(%) |
|---|---|---|---|
| 性　別 | | | |
| | 男性 | 63.3 | 67.0 |
| | 女性 | 36.7 | 33.0 |
| 年　齢 | | | |
| | | 38.33 | 38.92 |
| 婚姻関係 | | | |
| | 既婚 | 57.8 | 68.8 |
| | 未婚 | 42.2 | 31.2 |
| 子ども | | | |
| | いる | 76.6 | 72.2 |
| | いない | 23.4 | 27.8 |
| 職　業 | | | |
| | 有職(フルタイム) | 58.3 | 57.3 |
| | 専業主婦 | 12.0 | 16.0 |
| | 有職(パート・アルバイト) | 10.5 | 9.6 |

※　$\chi 2$乗検定およびt検定の結果、全ての項目において有意差は見られなかった

表3　居住地

| | 元近鉄ファン(n=202) | 元Bwファン(n=92) |
|---|---|---|
| | % | % |
| 大阪市 | 22.3 | 7.6 |
| 堺市 | 8.9 | 7.6 |
| その他の大阪府 | 41.5 | 18.5 |
| 兵庫県 | 4.0 | 43.5 |
| 奈良県 | 11.3 | 5.4 |
| 京都府 | 5.0 | 1.1 |
| 和歌山県 | 2.5 | 0.0 |
| その他の都道府県 | 4.5 | 16.3 |
| 合計 | 100.0 | 100.0 |

41・5%、その他の都道府県27・3%)
元BWファン：兵庫県が43・5%(大阪市7・6%、堺市7・6%、その他の大阪府18・5%、その他都道府県22・8%)
元BWファンは、わざわざ隣県から大阪まで応援に来ている！　やっぱり金持ちなのだろうか。

## フラれた男の心境？

さ、ここから、いよいよ、ごひいきのチームが合併したあと、どういう心の動きがあったかが浮き彫りになる。

■合併後の応援チーム
元BWファン↓93・8%の人が、オリックスファンに
元近鉄ファン↓70%の人が、オリックスファンに。楽天を応援している人が16%も！

このアンケートは大阪ドームに来ている人に取っているわけだから、当然合併後の新球団ファンだと言ってもいいのだが、それでこの数字である。このあたり、近鉄ファンの迷いが感じられる。この当時は、元近鉄の岩隈久志投手(現大リーグ、マリナ

ーズ）がオリックス入りを拒否し、楽天に移籍したこともあってか、近鉄ファンのなかには、いっそ新しいチームの方を応援してまえという機運があったのだろうか。

そして、愛の深さを、この論文では、「ロイヤリティ」（忠実さ、忠誠心）と呼んで測っている。具体的には、元近鉄ファンと元BWファンの双方に、新しいチームについて「球団そのものに対するロイヤリティ」「選手に対するロイヤリティ」「監督に対するロイヤリティ（当時は、故、仰木彬《おおぎあきら》監督）」「地域に対するロイヤリティ（大阪）」を持っているかを調査したのである。

すると、「チームロイヤリティ」は、元BWファンのほうが高いことがわかった。ま、93％以上が、オリックスファンになっていることからも、この結果は当然だろう。

想像してください、元近鉄ファン独身男性40歳の、近鉄に対して持っていた愛をどこに向けていいのかわからない、という迷いを。「元大阪近鉄バファローズが消滅し、元近鉄ファンはまだ新しいチームに愛着が持てないのではないかと思われる」――論文にはこう書かれている。

しかし！「選手に対するロイヤリティ」については、元近鉄ファンのほうが、より強く持っていることが判明。その理由について、論文ではこう分析されていた。――チームが消滅しても、「自分のアイデンティティを元大阪近鉄バファローズの選手に置くことによって、自分自身を納得させようという意識があるのではないかと考えられる」。

なに、この「自分自身を納得させよう」みたいな気持ち。フラれた男みたいな心境？　自分と別れた彼女が、他の男と付き合っているのを知り、「いや、これで良かったんだ」などという場合に、「自分自身を納得させる」という表現は使うけれども……。「チームじゃない、ワイは北川が好きなんや！」と思うことで、結果、オリックスファンであることを受け入れようではないか、ということなのだろうか。

## サッカーに比べてデータが少ない

この論文は元近鉄ファンの悲哀が見え隠れして味わい深い読後感があったのだが、ひとまず、その後疑問に思ったことに関して、独自調査をしてみた。

まず、観戦者の平均年齢38歳というのが、高い数値なのか低い数値なのか、ということ。これに関しては、サッカーのデータだが、

・Jリーグ＝37・3歳（09年度）
・英国プレミアリーグ＝42歳

となっている。したがって、そんなに高いわけではないことがわかった。しかし、このようなデータは、「子連れで行っているかどうか」にもよるので、一概には判断できないことも注意しないといけない。野球は、子どもも含めて平均年齢38歳で、サ

ッカーは大人だけで平均年齢が37歳であるなら、中身の分布はずいぶん違うはずだからだ（ちなみに、これらのデータは子どもも含めたものかどうかはわからない）。

ちょっと調べてわかったことは、サッカーの場合、日本も海外もこういうデータ収集を積極的に行い、それに基づいて、ファンの心をつかむ努力をしている一方で、こと野球に関してはこういうデータがほとんどない、ということである。調査していないのだ。

たとえば、Jリーグの場合、ホーム観戦15回以上のファンが来場者の54％を占める、などのデータが出ており、またそれを公表もしているので、熱心なファンが追いかけてくれている一方で、ファンの入れ替わりもあることがわかる。

しかし野球にはそういうデータがない。あっても公表されていない。いずれにしても、球団のオーナーは自分のチームのことだけで、球界全体の底上げをあまり考えていないから、公表もされていないのだろう。そもそも、チームが弱くてもJ2みたいな下位リーグに降格する、ということもないわけだから、その地位に胡坐《あぐら》をかいているのかもしれない。近年、北海道日本ハムや東北楽天イーグルスといった新しい球団が、こういった調査を重点的に行い成功したことは、広く知られている通りである。

## オリックスファンに直接聞いた!

最後に、私の知り合いのオリックスファンに電話で直接質問してみた。

私「他の球団を見ていて、取り入れてもらいたいな、と思うことはなんですか？」

ファン「日本ハムは、応援歌に女性パートを作ったりしていて、女性ファン獲得を目指しているとともに、女性ファンが多い」

――なるほど。新規のお客さんを集めている球団は、こういう努力もしている。たとえば、来場者数に男性の割合が多いというデータがあれば、今度は女性客を集めようとする球団もあるだろう。

私「最近のオリックスの試合で、ファンはどのような様子ですか？」

ファン「いまだに、BWのユニフォームや、近鉄のユニフォームを着ているファンがいる」

――やはり、元BWファン、元近鉄ファンの心は、いまだに複雑なのだ。

私「合併当初は、観客席はどのような感じでしたか？」

ファン「合併当初は、落ち着いた応援のBWファンが、鳴り物の多い近鉄の応援にちょっと慣れなかった場面もあった」
——なるほど、応援に関しては、元近鉄ファンってやっぱり荒くれ者的な人が多いイメージ。ラッパ吹いているおじさん、いっぱいいそうだもんなあ。
こういう観客席での人間模様にも興味がわいてきたので、もっと具体的に聞いてみた。
私「BW時代の名残はなにか残っていますか？」
ファン「BWでは、関西と関東で応援の仕方が変わっていたのですが、その名残はいまもある。たとえば同じ田口の応援でも、関西では『かっとばせー田口！』、関東では『田口、田口、かっとばせー、田口！』となる。現在は、近鉄の応援団長だった和田さんの力によって、一体化したオリジナルな応援で球団を盛り上げていて、チームとしてひとつになってきている実感がある」
——誰だよ和田さんて。知らないよ。応援で有名な方なのだろう。はじめて知った。こういうリーダーが、ファンどうしの人間関係や球団の危機を乗りこえるために、日々活躍していらっしゃる。

結局最後は、人間なのである。1人の人間の力が、マーケティングなどを超えた力を発揮するということなのだろう。

日本ではスポーツに関する研究は遅れているのが現状だが、これからはこういう着眼点の論文も、増えてくるかもしれない。この論文の中核的存在である、大阪体育大学の藤本先生は、その後も、「スカイマークスタジアムと大阪ドームのオリックスバファローズの試合観戦者」をアンケート調査するなど、精力的に研究を続けられている。

十本目

# 現役「床山」アンケート

「現代に生きるマゲⅢ～大相撲現役床山アンケートから～」
下家由起子　2008年　『山野研究紀要』第16号　山野美容芸術短期大学

## 「秘技」として伝授される技

お相撲さんのマゲ（髷）を結う職業を「床山《とこやま》」という。

この論文は、そんな床山さんの生態に切り込んだ研究である。この論文が掲載されている雑誌の名前『山野研究紀要』を見てピンと来た方がいるだろうか？　発行元は山野美容芸術短期大学、そう、あの山野美容専門学校の系列なのである！

そうか、美容の観点からの研究か、と納得してみたものの、それでも美容師はマゲを結えなくても生きていける。

しかし、日本古来の髪型であるマゲが、今では相撲の世界でのみ脈々と受け継がれているという事実は非常に興味深い。そして、この論文は、ゆくゆくは滅びてしまうかもしれない相撲文化のなかで生きる「床山」さんの実態を記述した、歴史的価値のある研究かもしれない。そう思って、実際に論文を読んでみることにしよう。

２００８年1月場所から、番付表に最高位の床山の名前が掲載されるようになった。しかし、それまでは、大相撲３００年の歴史の中で床山が表舞台に立つことはなかった。彼らはまさに裏方中の裏方なのである。

そして床山がマゲを結う技術、これはいままで個々の名人芸に頼って、技の継承もなかなか行われなかったそうだ。技術を伝えるにしても相撲部屋、いわゆる一門におけるつながりの中でしかなされてこなかったという。まさに一子相伝！

しかし、クオリティの統一ができていないとまずい、ということで、２００７年から毎年３回ずつ全体での講習会なども開かれるようになったという。つまり、つい最近までは、剣術のように秘技として伝授されていたというのだから、大相撲おそるべし！　日本最後の秘境であり聖域である。

この論文の著者である下家先生は、お相撲さんのマゲが大好きらしく、この論文のタイトルにも「現代に生きるマゲⅢ」とあるように、「Ⅰ」「Ⅱ」をすでに書き上げられている。ちなみに「Ⅰ」のタイトルは「マゲがよく似合う外国人力士」で、ここでは、マゲが日本人だけに似合うヘアスタイルというわけではないことを、琴欧州の写真などを載せて主張しておられる。また、「Ⅱ」のタイトルは「当代力士着衣事情編」で、マゲによく似合う服として着物や浴衣を挙げ、主に琴欧州の写真などを載せて研究しておられる。……もしかして琴欧州好きか!?　イケメン力士好きだったりするのかも!?　そういう人間らしいところが垣間見えてくるのも、この論文の奥深いところである。研究者を線的に追いかけるとこういうこともわかったりする。

しかし今回の論文では、そんなイケメン力士好きはなりを潜め、「床山」さんという裏方的存在に、アンケートを実施して、スポットライトをあてたのであった。

## 51人中、「特等」は2人！

この論文のアンケートに参加した床山さんたちは、20年以上の経験をもつ熟練者ばかり計23人。なかには、番付表にも名前が載っている特等床山の「床邦《とこくに》」さんと「床寿《とこじゅ》」さんのお2人も入っている。ちなみに、床山は特等からはじまって、一等～五等と計6つの階級があり、このあたり、見習い、前座、二つ目、真打、大看板と、経験と実力によって分かれる落語に似ている。

せっかくだから、美容師さんもこういう階級つくっちゃえばいいのに。といっても、アシスタント、スタイリスト、カリスマくらいしかないけど……。

ちなみに、平成19年時点で、床山さんは51人いらっしゃる。そして特等の床山さんは、勤続45年以上、満60歳以上の床山さんのなかでも特に優秀な方、あるいは勤続30年から45年未満のなかで、非常に優秀な成績の方しかなれないという。この論文の執筆時、特等は2人だけなので、下家先生はツートップをつかまえたことになる。

### きっかけ1位は……？

アンケートの内容はというと、「はじめてそれなりのマゲが結えたと感じるまでにどれくらいかかりましたか」とか「床山になってよかったなと思うとき」といった質問が17個並び、その多くに選択肢がついている。
というわけで、質問とその回答をダイジェストで紹介しよう。

▽質問2「床山になった動機ときっかけ」

「とにかく相撲が好きだった」「力士を志していた」という、やはり相撲好きならでは、という回答が上位を占めている。その中で1位に輝いたのが「知人の紹介」。

知人の紹介かよ！　なんか夢がないよ！　その知人、何者だよ！「床山やんない？」などと言ってくる人、ふつう周りにいないよ！　その知人、紹介してくれよ！

しかし、なかには「自分で部屋関係者に連絡をとった」という積極的なケースもあった。

ただ、床山になれるのは、「満19歳までの男子」に限定されているとのことだから、人生のかなり早い時期に決断を迫られる職業とも言える。遊びたい盛りの年頃に、「オレは床山になる！」なんてすごい決断だと思いませんか？　19歳にして知人に運命をゆだねてしまうのもなんだけど、やはり伝統芸だけに、そういう密室性がロマンを生む要因にもなっていると思われる。ちなみに、定年は65歳（日本相撲協会では停年という）だという。意外と手堅い職業だな。

▽質問3「はじめてマゲの結い方を教わったときに思ったのは?」

「むずかしそうだった」が13人でやはり一番多かったのだが、「考えている余裕がなかった」という人もけっこういた。半面「意外と簡単じゃないかと思った」と回答した人も4人ほど。みんな、けっこう正直に答えているな、と思った瞬間、1人だけ「その他」を選んで、「先輩が怖かった」という理由を書いている人が! 言っちゃっていいの⁉ アンケートとはいえ。と、こんなぐあいに、たまに現れる〝ぶっちゃけ回答〟が、この論文を魅力的なものにしている。

▽質問5「はじめて大銀杏を結えるまで、どのくらいかかりましたか?」

この「大銀杏」というのは、十両以上の関取だけが結うことのできるマゲで、先端が銀杏の葉に似ていることから、そう呼ばれている。これを結うには、相応の技術が必要で、桃栗三年柿八年、きっとそれなりの時間と経験が必要なのだ。料理の世界でも立派な板前になるまで10年以上かかるし、落語家だって真打になるまでは15年くらいかかる。

で、回答を平均すると……「4、5年」。4、5年かよ! 少々肩透かしをくらった感はある。

アレ? 回答のなかに、1人だけ「1時間」と答えている人が……。どうやら、結い始めてから結い終わるまでの時間と勘違いしたらしい。おっちょこちょいな床山さんもいるんだなあ、と思うと、何だか癒された。このような、論文のなかにある清涼飲料水的な癒しポイントを見つけた瞬間こそ、おもしろ論文ハンターとしての至福の時である。

あと、どの回答にも「その他　2」とかあって、この「その他」の二名の回答ってどんなものかなあと思ったら、だいたいいつもおなじ人だったようだ。この質問に対しては二人はそれぞれ「誰を結っても形が出来るのに10年以上掛かった」「今でも胸を張れない」と回答。

いやいや、そういうことを聞いてるんじゃなくて、と思わずツッコミを入れたくなる、教科書的な回答をする床山さんもいた模様。

「一生勉強です」「毎回が勉強です」という職人気質が透けて見える回答も、また味わい深いものである。

**▽質問6「大銀杏の見どころといったらどこでしょう」**

質問の選択肢には、聞いたことのない用語がたくさん出てくる。

(1)頭へのすわり具合
(2)ハケ先の開き

(3)ビンのふくらませ方
(4)タボの張り出し方
(5)髪の毛の流れ
(6)全体のバランス
(7)その他

ですって！

「ビン（鬢）」というのは「頭の左右側面」、「タボ」というのは「頭のうしろの張り出た部分」のこと。みなさんはご存じだろうか？

質問6の回答で一番多かったのは、6の「全体のバランス」で、意外に無難な答えに落ち着いていて、ややがっかり。

考えてみれば、たしかにそうなのだろう。人によって頭の形も髪質も違うわけだから、「全体のバランス」は最も重要だろう。そこがまた、職人の腕の見せどころなのだ。

▽質問7「マゲを結ううえで、なにか悩みはありますか？」

(1)力士たちの抜け毛、薄毛
(2)力士たちの髪質の違い

(3)力士たちの協力不足（じっとしていない、姿勢が悪いなど）
(4)頭をよく洗わず不潔な力士
(5)手荒れ
(6)歯痛（元結を使用することによる）など
(7)腰痛、肩こり

回答の中で最も多いのは、2の「髪質の違い」で16人、その次が7の「腰痛、肩こり」で12人。腰痛、肩こりは職業病なのだろう。

意外と多かったのが、3の「力士たちの協力不足」で8人。取り組みの前で気が昂ぶり、じっとできない力士もいるだろう。だれかとしゃべったり、落ち着きがない力士もいるかもしれない。それでも黙々とマゲを結うのである。

研究論文におけるアンケートの場合、質問内容や選択肢の立て方がとても重要になってくるのであるが、この〝床山論文〟の場合、質問と選択肢の端々に相撲に対する深い理解と愛情が垣間見える。ここからも下家先生が大相撲好きなことがよくわかる。

▽質問11「髪を結っていて力士の体調、心理面などがわかりますか」

この質問の意図がよくわからなかったのだが、熟練した床山なら、髪に触った瞬間に力士のすべてがわかるかも!?という期待の表れなのだろうか。よく、プロ野球のブルペン捕手が、投手の球を1球受けただけでその日の調子がわかるというが、それに近いことかもしれない。そこを床山にぶつけてみたわけである。

これに対して、圧倒的に多かった回答は「わかるときとわからないときがある」。当たり前だ！　なにかを答えているようで、なにも答えていないじゃないか。プロ野球の解説で「このデッドボールは当たったバッターも痛いけど、当てたピッチャーも痛いですね」というコメントと一緒だ。

ただ、全然わからないわけではなく、一応ちょっとはわかるときがある、というところに、まだ救いがある。

力士の髪を触ってピンとくる人がいたら、その床山は「特等」の床山ということだろう。

▽質問12「床山としてうれしいとき、床山になってよかったなと思うときはどういうときか？」

「いいマゲが結えたとき」「自分も日本文化の国技大相撲を支えているという意識が持てること」「横綱、大関など人気関取の頭を結ったとき」「自分の結ったマゲで関取の男ぶりが上がるとき」などという答えが大半。「関取の男ぶり」というのが、いい。男ぶりを上げた自分を誇らしく思う、自分が力士だったら、そんな床山さんにマゲを結ってもらいたいな。床山としてのプライドもうかがえて心があたたまる。

少数回答には、

「新聞や雑誌などに写真が載ったとき」

「関取衆や親方にご馳走になったり、有名店などでごしょうばんできること」

「相撲ファンの社会的に偉い人や有名人と知り合いになれること」

などのミーハーなものが。やっぱりそこは、人間だもの。正直過ぎて好感が持てる。

▽質問14「これまで床山さんとして経験したエピソードは？」

下家先生は質問意図として「ファンが喜ぶ芸談的なエピソードを期待した」と書いておられる。が、「特になし」が大多数！

質問も14番目くらいになると、床山さんたちもそろそろ面倒になってきているのかもしれない。がっかりする下家先生。「わずかに海外巡業が楽しかったことについて触れたのが一件のみだった」と書かれてあり、心なしか寂しそうだ。下家先生、涙目！

このようにえてして、思い通りにいかないのがアンケートである。しかし、想定外の結果が得られるところにこそアンケートの妙味がある。

下家先生は、床山さんたちの素っ気ない回答について、「書き込みこそ少なかったが」とあっさり触れるにとどめていたが、最後には、「言葉は簡単ながら、相撲協会の一員としての大いなる自覚と責任感がうかがわれ、深く感動させられた」とフォローしておられた。

アンケート主体の論文は、こういうところもおもしろい。予想以上でも予想以下でも、学術的価値は等価なのである。

# 十一本目
# 「しりとり」はどこまで続く？

「最長しりとり問題の解法」
乾伸雄、品野勇治、鴻池祐輔、小谷善行　2005年
『情報処理学会論文誌：数理モデル化と応用』vol.46

## コンピュータがしりとり!?

しりとりといえば、相手が詰まるか、語尾に「ん」がつく単語を言ったらアウトという非常にシンプルな〝ザ・暇つぶしゲーム〟だ。

このしりとりに挑んだ学者たちがいる。しかしそれは、「相手がすぐに答えに詰まるような方法を考える」という研究ではなく、「どれだけ暇つぶしできるか」、つまり「どれくらい長くしりとりを続けることができるのか」という研究である。そう、それが今回取り上げる「最長しりとり問題」である。

といっても、大勢でしりとりをやったわけではない。この論文は、4人の学者によって書かれたものだが、頭のいい大人4人でしりとり総当たり戦をやったわけでもないのだ。

では、なにをやったか。

コンピュータでしりとりをなるべく長く続けられるプログラムづくりを目指し、それを計算させたのである！

ま、いずれにしても気が遠くなるような所業なのだが、どうなるものか、やればわかるさ、バカヤロー！　という精神で、本気でしりとりに取り組んだ論文なのである。

## 意外にメジャー？

この論文をよーく読んでみると、この「最長しりとり問題」というのは、スーパーコンピュータなどに携わっている理系の学者にとっては、けっこうメジャーなもので、昔から連綿とつくられてきたようだ。というのも、どれだけ速く計算できるプログラムなのか、どれだけ言葉のデータベースを構築できるか、ということを調べるために、ある意味モノサシになるような問題がこの「最長しりとり問題」なのである。しりとりをどこまで続けられるかによって、そのコンピュータの処理能力を見極めよう！ということらしい。

しりとりとコンピュータの歴史でいえば（そんな歴史があったのか！）、過去には、人間と対戦できるプログラムがつくられたり、しりとりは先手必勝か後手必勝かなどを計算するプログラムなども開発されたという。私たちの知らない間に、〝しりとり業界〟は大変なことになっていたのだ。

そして、ここで取り上げる「最長しりとり問題」は、勝負はひとまずおいといて、「いかに長く続けるか」を実験したものである。

エリート中のエリートが、本気で遊んでいる感じ。フォアグラで餃子をつくるような、贅沢な感じがしてきやしませんか？　自分ではやろうと思わないけど、ちょっとのぞいてみたい。

## さすが！　理系の発想に学ぼう

ここからが本当に理系の人たちってすごいと思うところなのだが、どうやってこの問題を解こうとしたかというと、彼らはまず、単語を分類したのである。単語の分類というと、名詞や形容詞や動詞といった品詞に分けることが思い浮かぶかもしれないが、そうではない。

よく考えてみてほしい、しりとりに必要なのは、単語の最初と最後の文字だけ。たとえば「信号機」も「四季」も「信楽」も「周期」も「新世紀」も「しぶき」も、全部「し」ではじまり「き」で終わる。肝心なのは、「し」ではじまって「き」で終わる、意味の違う単語がどれだけあるか、ということだけだ。品詞なんて関係ない。

そこで、たとえば「しき」グループをつくる。これは「し」ではじまって「き」で終わる単語のグループだ。こうして、日本語の単語をすべて、2文字のグループに変換してしまおうというわけである。開始と終了の文字だけでグループ分けしようという発想。見習いたい、このドライな発想！〝しりとりMADサイエンティスト〟たちにとっては、単語の意味なんかどうだっていいのだ。

次は、単語をつないでいく作業に入る。たとえば、「あい」グループの後に「いす」

グループをつなげて、その次に「すか」グループにつなげていく。

そして、ここからがこの問題のキモ！　というのも、「あい」グループの次に、「いか」グループをつなげるか、「いす」グループにつなげるか、「いま」グループにつなげるかで、最終的な最長のつながり方が変わってくるからである！　うひゃー、これは計算大変だ。

将棋でも、何手も先まで読んで、そこから逆算して目の前の最善手を打つ。コンピュータが将棋を打つ場合でもそうなのだが、単語のつながり方は、単純にいえば「あい」の後につなげる「い○」の○に入る仮名は、「あ」から「を」まで47パターンある。そして、その後ずっと「47パターンのうちどれがベストか」という計算が続くわけである。そして、なかには単語が少ないグループもあれば、大量にあるグループもある！　これを想像するだけでも、この最長しりとり問題の難しさを、ご理解いただけると思う。

「探索木」というツリーがある。それをご覧いただくと、ここでお話ししたことのメカニズムが一目瞭然だろう。

そしてこの論文では、その計算を、「グラフ理論」という最新の理論に則って行う。

では、その計算がどのようなものかを、かいつまんで説明すると、要するに、『ああ』グループ、『あい』グループ……という集合から集合への写像の矢印関係のフローを、全て加えた和を最大化して、LPベースの分枝限定法による解法を求めればいい」というわけで……。はい、私もわかりません。本文には、私が見たことない記号、読み方もわからない式、そしてたくさんの数字（なぜかこの数字も大小いろんなフォントサイズがある！）が出てくる。もちろん、声に出して読むこともできない。読めたとしても、おそらく舌がつる。答えを読み解く前に、脳が破裂しそうだ。このあたり、興味のある方は、本論文を参照するか、身近にいる数学の超得意な友達にでも聞いてもらいたい。

## 6日半を0・53秒で

さて、この「最長しりとり問題」の結果を見て衝撃を受けた。

単語数が13万7335個ある辞書（国語辞典としては中型の部類、『広辞苑』の単語の項目）で計算した場合、一番長いしりとりで、なんと5万6519単語も続いたのだ。これが「最長しりとり問題」の解である。

さらに驚くべきことに、これをどれくらいの時間で計算したかというと、わずか0・53秒！　1秒かかっていない。落ち着いている人のまばたきくらいの時間で、やってのけてしまうのだ！

同じしりとりを人間がするとしたら、考える時間を10秒として計算すると、９４１９分もかかる。一睡もしないでやっても6日半もかかるのだ。コンピュータは人間よりも約１０６万倍速い！

読者のなかには「しりとりなんか計算して何になるんだ」と思う人もいるだろうが、実はこうした一見無意味な研究にこそ、学問の醍醐味がひそんでいる。こうした研究で明らかになった事実や構築された理論は、我々の実生活で確実に役に立っているのである。このような処理能力の高いプログラムが、みなさんの身の回りにある電子機器などに使われていることは言うまでもない。

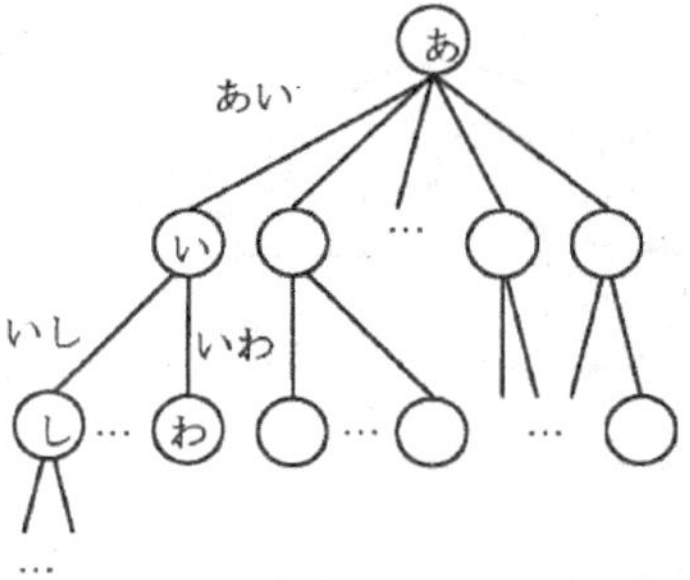


図１　探索木によるしりとりの表現
Fig. 1　Representation of Shiritori as search problem.

## あみだくじ論文

ここまで、しりとりをどこまで長く続けられるかを追究した論文を紹介してきたが、私の珍論文コレクションのなかには、ほかにも、身近なゲームをテーマとした論文がいくつかある。

たとえば、みなさんも必ず一度はやったことが

Vol. 46 No. SIG 2(TOM 11)

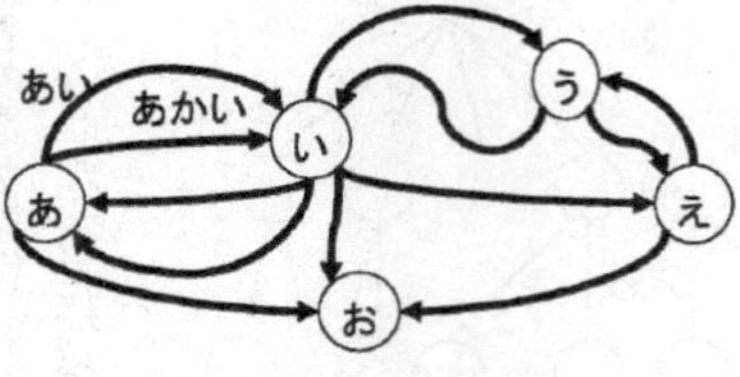


(a)単語が有向辺に対応する場合

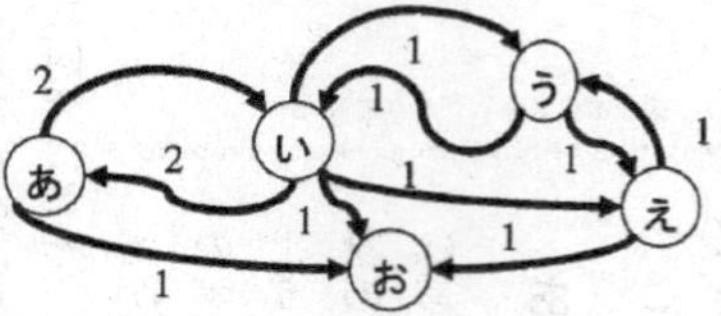


(b)単語数が有向辺の容量に対応する場合

図 2 しりとりのモデル
Fig. 2 Network models of Shiritori.

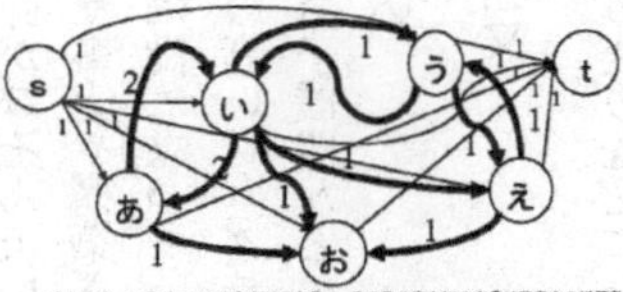


s より出る、および t に入る有向辺の容量 1、その他の有向辺の容量は辞書中の単語数で決定される。

図 3 補助ネットワークによるグラフ表現
Fig. 3 Graph representation using support network.

最初は上のように簡単だった図が、気づくと下のように難解なものに。頭ん中どうなってんだ、この方たち（タツオ）。

あるであろう「あみだくじ」。これを研究したある論文によると、上から下に下りていくタイプのあみだくじの場合、横の線が少ないと、一番左の列からスタートしたとしたら、一番左の列でゴールする可能性が低いらしい。

そこで、「どこからスタートしても、ゴールに至る確率が均一になるようなあみだくじはできないものか」ということが、その筋の研究者の間でずっと議論され、追究されてきた。その過程で実にさまざまなタイプのあみだくじが考案されては否定され、というのを繰り返しているのであるが、私の手元にある内村桂輔氏の論文（1985）では、「円形のあみだくじ」なるものが考案されている。これは、普通のあみだくじと違い、円の中心からスタートして外に向かっていくあみだくじである。これだと確率がほぼ均一になるので、結果も平等らしい。

## じゃんけん論文

じゃんけんを数理的に研究した論文もある。南山大学の須崎政文氏と尾崎俊治氏による「新しい4手じゃんけんの提案と確率論的ならびに漸近解析」が、それだ。「～提案」というところまでは理解できるが、「確率論的～」以下は何を言っているのかよくわからない。

この論文で面白いのは、グー、チョキ、パーと、あともうひとつ〝手〟があったとしたらじゃんけんはどう変わるだろう、ということを追究している点である。実際、じゃんけんの手が4つあると、20人で1人が勝ち抜くじゃんけんをした場合、3手を使う普通のじゃんけんでは平均1142・9回かかるのが（実際にやったら腱鞘炎《けんしょうえん》になるだろう）、4手じゃんけんでやると平均82・67回で早期決着するのだ。画期的なじゃんけん！

ただし、その4手目が、どのような手の形にすればいいのか、この論文では触れられていなかった。こんなに「概念」先行の論文も理系ならでは。まずはこういう考え方がある、という提案が積極的に行われるのも学問の楽しさだ。

学問は科学なので、本来ならば理系も文系もない。それでもここで紹介したような「数学バカ」と呼びたいくらい理屈好きが炸裂していると、さすがに勝手にやってくれーという気分になる。理屈屋の私を前にしたときの一般の方々の気持ちにハタと気づかせてくれる貴重な論文が理系には多い。

すごいなと思えるが、憧れはしない。

# 十二本目
# 「おっぱいの揺れ」とブラのずれ

「走行中のブラジャー着用時の乳房振動とずれの特性」
岡部和代、黒川隆夫　2005年　『日本家政学会誌』56 NO.6

## 味わい深いタイトル

まず、タイトルが味わい深い。私くらいの珍論文ハンターになると、論文のタイトルを見ただけで中身もだいたい見当がつくのであるが、この「乳房振動」という漢字4文字のパワーには、無条件降伏である。ここは「乳房振動」しかありえない。これが「おっぱいの揺れ」だったら、味わいは激減する。論文のタイトルというものは、このように学問の香り漂うものでないと、らしくない。だから、たとえば「よだれが垂れる」だったら「唾液放物線軌道」、「ハゲる」だったら「毛根後退現象（減少）」、「ヒモ」だったら「金銭的女子依存型無職男子」と、言い換える必要があるのだ。

さらに「走行中のブラジャー着用時」という言葉にも注目したい。ここには、「走行中」と「ブラジャー着用時」という2つの要素が入っている。ということは、「歩行中のブラジャー非着用時」「走行中のブラジャー非着用時」「歩行中のブラジャー着用時」「走行中のブラジャー着用時」という4つの条件のうち、この論文は、最後の「走行中のブラジャー着用時」を問題にしているということである。これは「走っている時はブラがズレる。そのことに多くの女性は悩まされている」ということを意味する。たしかに、最近ジョギングブームで、走っている女性を見かけることが多い。よって、この論文は、彼女たちは、人知れず「ズレ問題」に悩まされているのだろう。

そんな彼女たちの悩みの原因を解明しようという、至極まじめな考察でもあるのだ（ホントか？）。

## ブラって、ズレるんだ

ところで男子である私はこの論文を読むまで、ブラジャーというものに正面から向き合ったことがなかった。ブラジャーはあくまで鑑賞用のものであり、その奥にあるドリーム（おっぱい）を守る門番であり、というか、むしろブラジャー越しに見えそうで見えないものを、より魅力的に演出するものでしかなかったわけであるが、女子からしてみたらそんなことは二の次である。

彼女たちは日々着用する過程で、サイズが合わなくてキツいとかユルいとか、ズレるとかズレないとか、いろいろな問題に直面しているのである。

これほどにテクノロジーが高度に発達した現代日本において、大事なおっぱいを守るものが完璧ではないというのは、大問題ではないか。ゆゆしき事態である。けしからん、もっとやれ！

## ブラ内の〝可視化〟

「人間中心の快適なブラジャーを設計するためには、人とモノとの関係を科学的に分析して、相互の特性から得られる情報を設計に導入する理論の構築が必要となる」という衝撃の一文からこの論文ははじまる。「人間中心のブラジャー」ってなんだろう？「地球中心のブラジャー」とか「動物中心のブラジャー」なるものがあるのだろうか？　このような表現があることを、私は知らなかった。

「特に、ブラジャーは乳房に密着した補整用下着であることから、ブラジャーの表面形状のみならず、カップ内の乳房振動やブラジャーとのずれの特性を明らかにすることが重要と考えられる」

——重要だったのか。表面形状のみならず、と言っているので、表面形状についての研究も是非読んでみたいものである。

「しかし、ブラジャーが乳房という特殊な部分を対象とすることや、ブラジャー内の乳房の動態がとらえ難いことなどから（略）ブラジャーの運動機能性を図ることは難しい課題とされてきた」と続く。動態がとらえ難い、どころか、見えませんよ！　難しいどころか、不可能ですよ！　これを実現するには、男子一生の夢、「透けて見えるメガネ」の開発を待つしかないと思っていたのだが……。この研究者たちはちがった。

「そこで私たちは、ブラジャーカップを分離して、その機能を逸らさず視覚化する方法を案出し、ブラジャー着用時の乳房の三次元偏位や乳房振動を研究している」！

——本当ですか⁉　ブラジャーカップって分離できたのか！　どうやら、ブラジャーカップというのは、いろいろな素材を組み合わせてできているらしく、この論文の筆者は、長年の熟考の末、その機能を失うことなくカップ内のおっぱいの動きを逐一チェックできる方法を編み出したというのだ。あくまで研究のために。学問というものは、「こうだったらいいなあ」という夢を現実にする力を持っているが、だいたいにおいて、その力を発揮するのは邪な気持ちのない人たちの手による（ということにしておこう）。

この論文は、ズレないブラジャー開発のために、どうしたらそれが実現できるかを研究したものである。そのためにはどうしてもカップをつけつつ、カップ内のおっぱいを観察する必要があるのだ。そこにエッチな気持ちは微塵もない（はずだ）。ここに、なにもせず妄想だけに終わる我々と、必要に迫られて具体的な行動にでる研究者たちの差があるのだ。

## 乳房上のマーク？

「カップ部の装飾部を取り除き、マーキゼットのみとした。マーキゼットは、ブラジャーのカップ部に伸び止めや補強として使われている半透明の裏打ち地である。マーキゼットのみにすると、カップ部が半透明となり、カップ内の乳房上のマークの画像計測が可能となった」（原文ママ）――これが、この論文の筆者の案出した方法である。

みなさん、ご存じでしたか？　マーキゼットのみにするとカップ部が半透明になることを！　私は知らなかった！　というか「マーキゼット」なる素材の名称すらはじめて知った。半透明になるものなら、最初からそうした仕様であって欲しいと願ってやまないのだが、それはあくまで男子側の理屈である。むろん、マーキゼットだけでは単なるセクシー下着になってしまう。ブラジャーには装身具としての機能も追加されているわけだ。

しかし、もうひとつ気になる記述がある。さらっと書かれているので気づかなかったかもしれないが、「乳房上のマークの画像計測」とある。乳房上のマーク？　はて？　そんなものがもともと女性の乳房にあっただろうか、いやない、私の知る限り。では、どういうことか？　そう、この論文の筆者は、乳房上に5つの点を選び出し、マークをつけたのである！

いったいなんのために、そんなことをしたのか。むろん、おっぱいの揺れを肉眼で確認するためである。私などは、ただ揺れるおっぱいを鑑賞するだけで満足してしまいそうであるが、研究者は違う。彼らは、どれくらい揺れているのかを具体的な数値

日本家政学会誌　Vol. 56　No. 6 (2005)

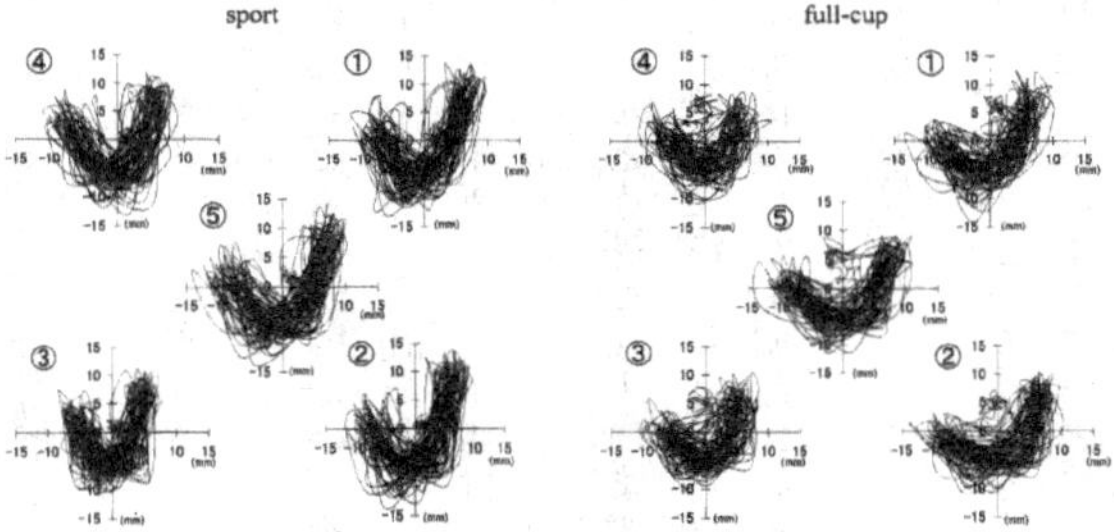


Fig. 4.　Traces of five vibrating points for 30 s
The numbers enclosed with a round are referred to in Fig. 1.

この図をみて揺れを想像すべし！

にしなくてはならないので、とにかく必死なのだ。

この5つのマークを、2台のCCDカメラを使って0・1秒間隔で座標軸に変換し、振動の幅を測ったのである。もうこれ以上ない測定方法である。こんなCCDカメラの使い方があったとは、想像だにしなかった。世界一幸せなCCDカメラである。

では、実際にこの方法で乳房振動を計測されたのは、どのような女性であったのだろうか。

「被験者は、年齢20～26歳の標準体型の健康な若年女子11名で、乳房形状は半球状をした硬めの乳房であった」

――若年女子11名のおっぱいって、医者でもない限り、なかなか見られるものではない。私にとって、なにをしゃべっていいかわからないような若い娘たちである。そして、そんな娘たちの「半球状」を確認したのか⁉「硬め」をどうやって確認したのだ⁉ 硬めであることがわかるということは、柔らかめも当然知っているわけで、もっといえば「普通」も知ってるわけであり、そんなことはきちんとしたデータを取らなければ判別できない。私見では、そのようなことが判別できる民間の男性は、加藤鷹とかチョコボール向井とか故山城新伍とか、百戦錬磨の強者どもしかいない。それがわかるだけでも、この方々の凄さが推し量れるというものである。行間ありまくりの記述である。

「ブラジャーカップサイズは、B70が6名、C70が5名で（略）全国平均値と有意な差は認められなかった」

――なんと赤裸々な！ まず、その方面に明るくない私は、全国平均値を知らないので是非教えて欲しいところなのであるが、ともかくBカップとCカップの方々の硬めで半球状のものを調査したというわけである。

### 縦揺れと横揺れ

ここで、どのような実験をしたかという話にうつりたい。

実験は、スポーツブラとフルカップブラの2種類をつけて行ったようである。そんなブラの名前があったなんて。単にフルカップブラだけを調査したのでは、その揺れが大きいのか小さいのか、比較するものがないのでわからない。したがって、いわゆるスポブラの場合の揺れと比較しないといけないというわけ。

では、「走行中」をどうやって確認したか。実験開始後、2分間走ってもらい、CCDカメラで撮影し、振動を測定したのである。するとどうであったか？

「30秒で37回の上下運動を記録した」。この間、「大きな振幅と小さな振幅」を繰り返した、と！　30秒に37回！　また刻みましたね。1秒1回のペースよりも速い。

そして、データをとってわかったこと、それは、振動に規則性はなく、スポブラの場合は、垂直方向（上下）、水平方向（左右）の振幅が大きく、フルカップブラのほうが、左右の振幅が大きいために、〝肉〟がこぼれるのか、「総ずれ量」が大きくなった、ということである。

おっぱいの振動には、横揺れと縦揺れがあるのですね。それが、ブラジャーの形によって変化するということらしい。女性読者の方なら、身に覚えがあるだろう。

本研究では、このような振動について数値を出し、どのような形のブラジャーをつけて、どのような運動をすると、どのような振れ幅で乳房が揺れるのか、いろいろと観察してくださっているのであるが、ひたすら数字との格闘である。ご興味のある方は是非論文をあたっていただきたい。

実際に、日常的に使用されている服飾、あるいは生活雑貨などに関するこのような研究こそ、私たちの生活を豊かに、そして快適にしているのだということを思い知らされる研究である。そして、下着メーカーと共同でこのような研究をした結果、ブラジャーが日進月歩で進化しているのである。新商品開発の舞台裏にはこうした研究者たちの努力があることを忘れてはならない。「快適の裏には学問あり」なのである。

## ブラをつけてみたところ……

ところで、ブラジャーとはほんとうにズレるものなのか、数少ない女性の知り合い5人に聞いてみた。

うち2人は、電話で質問したところ、すぐに切られてしまった。おもいっきりセクハラと受け止められてしまったらしい。やましい気持ちなど、まったくないというのに！

残りの3人は、ズレることを認めたうえで、「ブラジャーの直し方に個性がある」と言っていた。ブラひもを手で直す人もいれば、ズレを直していることを悟られないよう腕を動かしてしっかり修正する技を会得している〝上級者〟もいるようなのだ。

男性の知らないところで、このような技を日々研鑽《けんさん》していると思うと、女性には頭があがらない。それも毎日のことなのだから、この部分だけ切り取ってみても、女性は男性よりも考えることとやるべきことが、はるかに多いのだ。

そういうわけで、自ら学者としてこの「ズレ」の存在を体感したい、と思った私は、昨今話題の「男性用ブラジャー」なるものを入手し、試着してみた。

購入したのは、ピンクのものと、水色のもの、の2種類。材質はポリエステル100パーセント。つやつやした手触りで、まず手にとった瞬間、幸せな気持ちになった。つけ方がわからなかったので、まず上からつけてみようと思ったら、ゴムの部分が意外に伸びて、すんなりつけることができた。こうした男性用ブラにも、男性がつけやすいように考えた研究者や開発者たちの研究成果が生かされているに違いない。

着用した直後は、なんだか「新しい気持ち」になった。30年以上生きてきて、経験したことのない心持ちである。

そして、鏡で自分の姿を見てみたら、妙な気持ちになってきた。なんか、いつもより乳首が感じるような気がするのである。完全に「その気」になっている。そうか、女装をする人たちが、わざわざブラジャーをつけるのは、こうした気持ちを獲得するためだったのか、と、新たなステージに移行しそうな感覚である。

そして、その日、そのままブラジャーをつけて、仕事に行ってみた。もうドキドキである。だが、結果はすぐに現れた。家から最寄り駅に着くころには、すでにブラひもが落ちてきているのである。そう、男性の場合は、正位置がはっきりしないため、ズレているのかいないのか、最初はわからないのだが、ブラひもが落ちてきたかどうかはわかるのだ。

急いで直して、なにも考えずに電車に乗っていると、なにか胸のあたりを守られているような安心感があった。きっとカツラをかぶる人も、感覚こそちがってもこういう「守られている」安心感があるのであろう。

ようやく仕事場に着くと、たしかにズレている。そこで、あわててトイレで直す作業。これは、男性にとってのいわゆる「チンポジ」的な作業に似ているかもしれない。

ああ、女性って大変だ。ストッキングで伝線におびえ、ブラジャーのズレを常に気にして、その上お化粧までしなければならない。

でも、だからこそ、「ワタシのカラダは大事なのよ！　そう簡単にオトコになんか触らせないわ！」と痛感できた次第ですの。

世の女性の方々、いつもお疲れさまです。ブラジャーがズレたら、遠慮なく言ってください！

世の男性の方々、少しはブラをつけて、女性の苦労を味わってくださいませ。

こうした、男女の意識の違いにも気づかせてくれた論文でございました。

## Column.6　タイトルの味わい　研究者の矜持

論文のタイトルって、なんかまわりくどくてわかりづらい、と思っている人はいないだろうか。「細胞の研究」とか「恐怖についての研究」とか「サッカー選手の研究」とか、ざっくり言ってくれたほうがよほどわかりやすいのに、と多くの人が感じていると思う。

ひとつの研究論文で明らかにできることは限られている。たとえば、「サッカー選手の研究」と一口にいっても、選手の年齢についてなのか、肉体についてなのか、性格についてなのか、国籍についてなのか、なにかテーマがあるはずだ。そこで「サッカー選手の筋肉について」というタイトルにすると、「あ、肉体の研究のなかで、しかも、筋肉についてなのか」と限定されたことがわかる。「日本のサッカー選手の筋肉について」だと、国籍も限定されるから、この先の研究に、ドイツのサッカー選手やブラジルのサッカー選手の筋肉についての研究もあるんだろうな、とか、別の方向で「日本のサッカー選手の年俸について」という論文を書いて、日本のサッカー選手をいろんな角度から研究するんだろうな、とか周辺の研究のことも想像がつく。実は、一見、まわりくどく、具体的で限定がかかっている長いタイトルの論文ほど、なにを研究しているかはわかりやすいのだ。「ざっくりと説明してよ」というのは、ただ楽して情報を欲しがっている人の理屈でしかない。

手元にあるコレクションのなかで、長いタイトルの論文だと、

熊澤光正（2006）「椅子座位作業条件のK社における女性新入従業員と経験者の職場意識と生きがいに関する研究」『四日市大学論集』19－1

というのがある。

「職場意識と生きがい」に関する研究をしている人が、まず新入社員とベテランでどう違うかを比較しているのだろう。なかでも女性の従業員、という条件をかけて、今回は「K社」という一つの会社で調査を行った。立ち仕事、座り仕事、接客仕事などで、モチベーションがかわる可能性があるので、今回は「椅子座位作業条件」、つまり座り仕事をしている女性従業員、と限定をかけている。こん

なにわかりやすいタイトルはないのだ。
ちなみに、（2006）と付されているのは、発表された年数なので、引用する場合には「熊澤（2006）」とだけ書けば、参考文献で正式タイトルを探せばよいので、これを指すことになる。熊澤さんが2006年に何本も書いている場合は、「熊澤（2006a）」とか「熊澤（2006c）」といったように表記されるのが一般的だ。ちなみに、『　』は書籍や雑誌のタイトル、「　」はその本か雑誌に掲載されている論文のタイトル、と使い分けられているので、この書き方で100年後の人でもその論文を探せるようになっている。

元巨人の桑田真澄氏は修士号取得者だが、その修士論文は「『野球道』の再定義による日本野球界のさらなる発展策に関する研究」というタイトルだそうだ。ここからわかるのは、武士道や茶道などのように、そこに「モラル」を持ち込んで極めることの延長に「野球道」というものが過去に存在し、いまここでそれを「再定義」することで、問題点と学ぶべき点を検討するよ、そしていまの野球界に活かす方法も考えるよ、ということである。過去の検討と、それを将来運用する、という2点がこの論文に盛り込まれていることが読み取れる。論文のタイトルだけでも、その研究の価値や研究者のスタンスがわかるのである。

また、タイトルの長さが「わかりにくい」と受け止められる一方で、学者の口調が「まわりくどくてわかりにくい」という誹りがある。書いてもしゃべっても、「かもしれない」「可能性がある」「と思われる」、いったいなにが言いたいんだよ、ハッキリ言えよハッキリ！というアレである。

彼らはハッキリ言っている。「かもしれない」「可能性がある」「と思われる」とハッキリ言っているのだ。しかし、そこに込められている研究者としての矜持について、受け取る側があまりに鈍感なのだ。ひとたび学問の世界に足を踏み入れれば、文系も理系もなく、研究とはすべてロジカルであり正確性が重んじられる「科学」だということに気付かされる。100の実験のなかで1回しか出ない現象が、世界を変えてきた歴史を研究者はみんな知っている。また、99人が「空が動いている」と言っていた時代、1人が言った「地球が動いている」という考え方が実は正しかったという事実を、研究者はみんな知っている。だからこそ、1％でも別の可能性が残っている限り、99％確実でも「Aだろう。Aかもしれない」「ほぼAだと言っていい」「Aの可能性がある」と、含みを残す。優秀な学者ほどそうだ。断定口調は、論文では滅多に使われない。自分の主観で判断せず、出てきた事実からたどり着いた結論、という意味で「だと思われる」を使うし、立場をフラットにする意味で、いいとか悪いの判断はしない。それを、「いったいなにが言いたいんだ」なんて断じるのは暴力でしかない。人の話を聞けない、頭を使わない人の一方的な主張だ。

　だから皆さんは研究者の口調から、厳密で正確性を重んじ、先入観を持たないぞ、というプライドを感じ取ってほしい。だって、彼らはつねに自分を疑ってかかる人たちなのだから。


　研究者は、明らかにしたいことに向かって、ひとつひとつの論文を連続ものとして書いている。したがって、一篇の論文は「点」にしかすぎないが、彼らは将来的に「線」であったり「面」にしていくつもりで書いている。しかし、それらは門外漢から見れば「だろう」とか「可能性がある」ばかりで、あまりに淡い点にしか見えない。それを充分理解しているからこそ、彼らは自分の研究について、めったやたらに語らないのだ。

　ただ、その「線」の途中などをいきなり見る我々は、あまりに厳密で具体的なタイトルを目にしたとき、「なにやってんだよ」「ヒマかよ」と思わずおかしみを感じる。

　それが、ヘンな論文の持つ味わいなのである。ヘンな論文は、バグに見えるかもしれないが、こういった専門家と門外漢の熱量の差が際立つところに存在するのである。

# 十三本目 「湯たんぽ」異聞

「湯たんぽの形態成立とその変化に関する考察Ｉ」
伊藤紀之　2007年　『共立女子大学　家政学部紀要』第53号

## こんな人がいたなんて

湯たんぽの研究をしている人がいるのをこの論文で知ることになった。あの、冬に布団に入れて温める、湯たんぽである。この論文を発見したとき、世の中の広さを思い知った。おそらく幼少の頃には神童と呼ばれ、優秀な学生として大学に入り、大学院とかで研究を重ね、大学に就職して学生相手に講義をする傍ら、自らの研究に没頭し……という生活を送って、頭がおかしくなる人もいるんだな、と想像した。だって湯たんぽの研究をして、湯たんぽの全貌がつかめたとして、だから何だというのだろう。

「1. はじめに」には、研究の動機がこう記してある。

「本研究に至った契機は、地方に出かけたおり時間調整の為に立ち寄った古道具屋（島根県益田市）で、湯たんぽに出会ったことにはじまる」

完全に趣味だ！

湯たんぽといえば、いまではちょっとしたエコグッズとなっており、いろんな材質のものがあったり、カバーにはキャラクターの入ったものがあったりと、比較的女性が好んで使うような、かわいいものがある。石油も使わないし、電気も使わない。けっこう温かさも長持ちする。電子レンジで温めるタイプのものなんかもある。冬はお湯、夏は氷を入れるなんてリバーシブルなものまであって、今非常にアツい冷暖房器具である。

しかし、この論文で論じられている「湯たんぽ」は、そんな時流とはまったく関係なく、こつこつと湯たんぽの研究をしているお方の論文だ。

またもや才能の無駄遣いをしていらっしゃる方がここに……しかも、「……に関する考察I」って！　まだ続けるつもりかい！　私は最初、そう思った。しかし、のちに私は自分の浅はかさに気づく。

この論文と出会ったことは、いまでは運命だとすら思えるのである。意外にも湯たんぽに潜んでいたミステリー、そしてなぜ湯たんぽだったのか、私と湯たんぽ研究者との物語がはじまる。

## 謎の道具、それが湯たんぽ！

目まぐるしく変化を遂げる生活機器。ベータやVHSのビデオデッキも、100年後にはなんの道具かわからなくなっているだろう。DVDなんかもそうかもしれない。過去の生活機器のなかにも、そのような、いまとなってはなんなんだこれはという「謎」の道具が存在する。実は、それが「湯たんぽ」だったことが、この論文を執筆した伊藤先生の研究で明らかになっている。

「え、これ湯たんぽだったの⁉」なんていう、想像もつかない形のものがあったようだ。

たとえば、塗金された銅製の犬の置物のような湯たんぽ、着脱できる犬の耳がネジこみ式であることから海外からの船載品と推定、また綱吉愛用のものとされていたが、収蔵先から家光のものではないかと伊藤先生は推論した。また家康の遺品、脇息型の凭《もた》れかけ式の湯たんぽは、就寝時のものではなく、冬場の執務を行う広間で利用したものと考えられるものだが、それも伊藤先生は調査された。文献上、初出の湯たんぽは中国から渡ってきた、「医療品」としての役割もあったらしい。

いろんなマニアがいる骨董業界でも、「湯たんぽ」を集めている人はなかなかいならしく、いないということは体系化されていないので、ジャンル自体を俯瞰《ふかん》してみることができる人もいない。そこにこの「湯たんぽ」研究の伊藤先生が登場した。地方の骨董屋が「妙に口の小さい花瓶」と分類していたものなどを「これは湯たんぽです！」と特定するなど、全国から収集した湯たんぽコレクションをこの論文では披露している。まさにマニアの自慢的な側面も兼ね備えている論文なのだ。

伊藤先生は、家政学部の先生。たぶん生活機器の一環として、家政学分野でまちがいはないのだろうが、この研究動機とコレクションを見ると完全に純粋さと熱量だけで走っている研究であることがわかる。このアマチュアリズムこそ、非常に学問らし

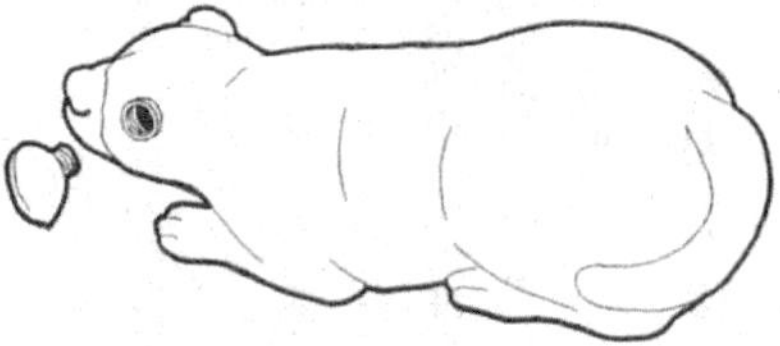

家光の湯たんぽ

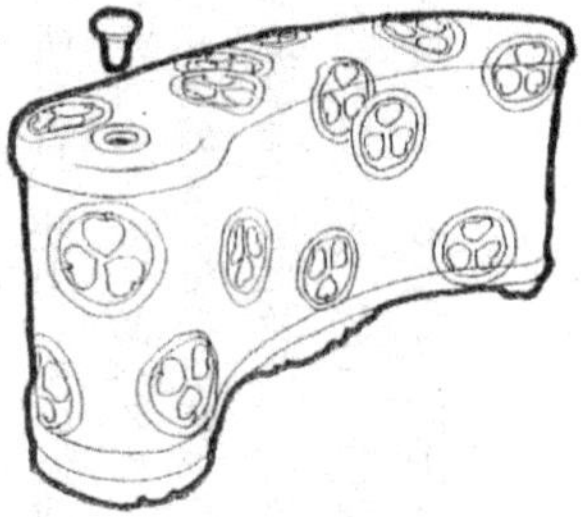

家康の湯たんぽ

こんな想像性あふれる湯たんぽがあったのか。

い。

研究方法に関しては、「海外を含め各地の湯たんぽを収集する」という方法で、湯たんぽの「形態成立とその変化」を追うというのだ。徹底している。単なる骨董好きにしても、徹底している。というか、海外に湯たんぽあるのかよ、という話である。また、資料収集にあたっては、元の所有者、使用していた地域、収集地をできるだけ調査したようだ。たしかにその湯たんぽの来歴を調べることはとても大事かもしれないが、それどうやって調べるんだよ。気が遠くなる作業である。こうして、伊藤先生のコレクションは、鹿児島から北海道まで全国に及び、海外を含めると300点以上(海外の湯たんぽもあった!)。「湯たんぽ博士」がここに誕生したわけである。博物館にあるものも、調査と聞き取りを行っているので、博士というよりは「湯たんぽ探偵」である。

## 消えた湯たんぽ

伊藤先生は、調べていくうちにあることに気づく。湯たんぽがはじめて日本の歴史に登場するのは、室町時代。文明18年(1486)に、手足の麻痺《まひ》や足の冷えに、「湯婆《たんぽ》」を使用していたことが判明。おそらく湯たんぽの先祖だろう。これが「堺」

にあったことがわかっており、最初は中国経由で医療器具として伝来してきたことがわかった。そして、先述のとおり、家康、三代将軍家光も使っていたという史実がある。一般市民にまで普及していたかという疑問は残るが、とにかく湯たんぽは室町から江戸初期にはすでにあったのだ。

しかし、次に湯たんぽが登場するのは、明治時代まで待たなければならない。夏目漱石が明治14年に「湯婆」という季語を使った俳句を作っていたり（「なき母の湯婆やさめて十二年」）、『道草』（大正4年）にも湯たんぽが出てきたりしているから、その頃にはかなり一般的だったのだろう。

しかし、森羅万象3900種の生活の品々を書き残した葛飾北斎の『北斎漫画』や膨大な数の浮世絵にすら、湯たんぽの描写がない。これはおかしなことである。

江戸中期から後期にかけて、資料に残っていてもおかしくないこの湯たんぽが、歴史からすっぽり姿を消すのである！

そこで湯たんぽ探偵は、国内の資料ではなく、海外の資料にもあたりはじめる。鎖国していた時代に、こっそり日本に来ていた外国人たちが、日本の生活用品に関して、なにがしかの記録を残していないかと調べてみたのである。

だが、日本を訪れたシーボルトが綿密に残した日本の資料にも、さらに、明治初期に5000点もの陶器コレクションを収集したアメリカ人、エドワード・モースのコレクションにも、湯たんぽは存在しない！　まるで記録が残っていない！　なぜだ!?

ここで、この論文で、伊藤先生が発した次の一言は、まさに研究の醍醐味《だいごみ》を一言で象徴しているように思う。

「湯たんぽの謎は、深まるばかりである」

謎が深まっちゃったよ！　なんだよ調べてわかったことを書いてくれてるんじゃないのかよ！　と思わずツッコんでしまいたくなるのだが、落ち着いて考えてみよう。知ろうとしたことで、知らないことが増えていくという、無駄な努力パターン。しかし、多くの学問はまさに、この「知る以前よりも、知らないことが増える」というパラドックスに憑《つ》かれているのだ。宇宙研究でも、量子力学でも、少し知ることによって、さらなる「謎」が倍以上跳ね返ってくる。人類は、この繰り返しのなかで、それでも研究を止めずに進化してきた。この、一見論文に残すべきではないかもしれない「湯たんぽの謎は、深まるばかりである」という言葉の裏に、新たな謎に出くわしたときの、学者の心の底からの喜びが読み取れる。このあたりまできて、私は、これはなにか尋常ではない、深淵なるものに触れている感じがしてきた。笑いながらも、真剣になにかに向き合っている人の強さに触れた感じがしたのだ。

ここからが、「湯たんぽツアー」のはじまりである。だからこそ「……に関する考察Ｉ」なのだ。

おそらく、いまは花瓶や徳利だと思われているものが、実は湯たんぽとして使われていた可能性が高く、湯たんぽ史はまだ整理しきれていない。その上で、先生は、この「湯たんぽがなぜ消えたのか」という謎について、以下のようなひとつの仮説を立てる。

漱石などが生まれた時代には、むしろ「英国製の湯たんぽ」と当時の国産のものの形が類似していて（蓋にネジが使用されていることから）、一度は貴重品だったり医療器具として中国から輸入されていたけれども滅びかけた「湯たんぽ」が、西洋経由でふたたび日本に渡り、「舶来品」として迎え入れられたのでは？　という仮説である。そして、鉄道網が整備されたことで、各地の窯で大量生産され、ようやく明治初期、市民に流通した。このあたりで漱石が句を詠んだり、後年には正岡子規なども頻繁に句にしている。

では、家康や家光の使用していた湯たんぽはどうか？　伊藤先生は家光の使用していた犬型の湯たんぽの「栓」に注目し、その栓がやはり「ネジ式」であることが、西洋経由で将軍に献上されたものであるということの証拠だという。そう、アジアにはネジという文化がなかったのである！　こういったことも、家政学の先生でなければわからないことだろう。研究者としてのすべての知識を動員して、この「湯たんぽ」というニッチなジャンルの解明にあたっていることがわかる非常に熱い部分である。

つまり、室町時代には中国経由だったが、江戸期にはすでに舶来品だった可能性がある。

そして、この仮説によれば、なぜシーボルトやモースの資料の記録に残っていないのか、説明がつく。なぜなら舶来品だったので、シーボルトやモースには、全く響かなかった、したがって、記録に残していない、というわけである。

なにこのミステリー！　珍論文ハンターとしてこれほど至福の時はない。


こうして、湯たんぽにとり憑かれた男の物語は、このあとも続く。なぜなら、その後伊藤先生が大学を定年になる２０１１年まで、「湯たんぽの形態成立とその変化に関する考察」は、第5弾まで発表されていたからである。

在職の研究者としての最後の10年ほどを、いったいなにをしているのだ!?　何者なのだこのお方は！

湯たんぽの謎は、深まるばかりである。

こうして、私は２０１１年、伊藤先生に会いに行くことになる。

## 伊藤先生からのコンタクト

この湯たんぽの研究論文を、TBSラジオで紹介してすぐ、TBSラジオに封書が届いた。伊藤先生からである。どうやら伊藤先生は、放送後、知り合いから「あなたの湯たんぽの論文が、ラジオで紹介されていた」という情報を聞きつけたようだ。

そして、ポッドキャストでその放送を聴いて、TBSラジオ宛てに、その後発表した論文と、湯たんぽコレクションのカラー写真を送ってきたのだ。ラジオといえども、ポッドキャストのようなアーカイブスがあることは、私のような人間にとっては非常にありがたい。こうしてご本人とコンタクトをとることができるのだから。

ここから、私は直接伊藤先生とコンタクトをとることに成功し、メールのやりとりをするようになった。ちなみに、伊藤先生からのメールの件名には、「湯たんぽ、伊藤」と書かれていた。湯たんぽ伊藤ってなんだよ、どこの芸人だよと思ったが、御年70を超え、湯たんぽ以外の研究もなさっているであろう大家ゆえ、私に対しての思いやりのメールであることがわかる。

その後、先生から、いままで書いたコラムなどの資料も届くようになった。骨董マニアが読む『骨董縁起帳』という雑誌に、ラジオで紹介されたことを次のように書いてくださっていた。

「湯たんぽ研究の波紋」

これまで私の講義は聞く者には退屈のようで、私語もなく今日は静かに受講していると思ったら、ほとんどの学生が机にうつぶせになって寝ていることがよくあった。

しかし、ラジオでは興味を引くように、趣旨をくみとってうまく紹介してくれていた。

喜んでいただいているようである。しかし、やはりというべきか、「寝ていることがよくあった」というところに、なんだか悲哀が感じられる。ただ、これを言うシャレッ気はあるようだ。

そして、私は意を決して、よかったら先生のコレクションを見にうかがいたい、とメールした。

先生はこの年の春（2011年3月）、37年間在職した共立女子大学をめでたく定年退職。いまは、自宅にコレクションを移しており、先生のメールには、「未整理でおみせできる状態ではない」とのこと。あれ、間接的に断られたのかな？

そりゃ、どこのだれかもわからない、売れていない芸人が、事情もよくわからないでおもしろがってるだけなのだ。おいそれと宝を見せるわけがない。これはもっと、信頼していただかないことには……。御年70歳というと、私の頭のなかにも、定年退職なさった私の指導教授たちの顔が思い浮かぶ。こんな、半分以下の年齢の若造が、いわばツッコんでいいような立場にある先生ではない。終戦後にも学問をしていた、いわばこの国の学問の黎明期を支えた方々だ。この世代はレジェンドである……。

という、自戒の念は自戒の念で置いておいて、けっこういろんなところでこの論文を紹介していると、また先生からご連絡があった。どうやら、ちゃんとコレクションを整理していた模様である。メールにはこのように書かれていた。

「湯たんぽの展示室があるわけではなく、娘のアトリエの一部を利用しています。娘から早く片付けるように言われていますが、おいでになるのであれば待たせます」と。娘から片付けるように言われている！　これは、家族の理解を得られていないパターンだ！　家族には邪魔もの扱いされているクチである。これは急がなければならない。先生に肩身の狭い思いをさせてはならない。

こうして、先生のご自宅にうかがうことになった。2011年5月のことである。

## 伊藤先生と邂逅

知の巨人・伊藤紀之先生は、どの一流学者もそうであるように、物静かで自ら語らない雰囲気を出していた。知っていることが多くなればなるほど、安易に語ることをやめていく。聞かれたことにだけ答えるようになる。しかし、ひとたび口をあけると、堰を切ったように話しはじめ、自分の研究を理解してくれそうな若者に、注ぐ必要のないエネルギーを割いて語っていったのである。

ご自宅に到着すると、すぐに倉庫のようなスペースが左手に広がっていた。そこは彫刻家である娘さんのアトリエだった。メールには「一部を利用」と書いてあったが、ほぼすべてのスペースに湯たんぽがあり、140個くらいの湯たんぽがそこに置かれているので、むしろ娘さんの作品が「一部」だった。これでは早く片付けろと言われても仕方がない。先生の湯たんぽコレクションは、茨城の倉庫にも250個くらいあるので、現在のコレクションは400点弱である。大学を退職する際に、大学に寄贈しようと発案したが、大学にも断られたらしい。なに、この、人生アウェーな感じ！背中が寂しくなれば寂しくなるほど、学術的価値はあがると私は勝手に思っている。

到着して自己紹介もロクに終わっていないうちに、「まずこの3つの湯たんぽが、最初に出会った湯たんぽ」という説明がはじまった。黙って聞いていたら、そのままほぼ全ての湯たんぽの解説に突入。およそ140弱の湯たんぽである。「湯たんぽの形態成立とその変化に関する考察Ⅰ」〜「Ⅴ」に出てきた、あの時代を代表するスター湯たんぽたちが、いま一堂に会している！　湯たんぽオールスター……と、私の目には映った。完全に湯たんぽ伊藤マジックの術中である。

先生は２００８年の「Ⅱ」では、深まった湯たんぽの謎に迫り、１７１２年の「和漢三才図会」に湯たんぽが記載されているのを見つけ、その形状と加工の技術から、制作年代を古い順に整理したり、江戸期の美濃の発掘品の焼き物のなかに、湯たんぽらしき焼き物を見つけ、欠けている部分を補う形で、自分で湯たんぽを復元したりと、その湯たんぽへのハマり具合の病状をさらに進行させていた。

２００９年の「Ⅲ」では、西洋の湯たんぽの起源を求め、熱源がちがう暖房器具を広く調査し、それらが西洋絵画にどのように描かれているのか、綿密な調査を発表している。まさか湯たんぽが西洋でこれほどまでに進化していたとは、という驚愕の事実のオンパレードである。先生は、明治期に使用された湯たんぽは、西洋伝来説を唱えている。それは、先述したネジ式の栓であることや、加工の技術もイギリス製のものと酷似しているという形状の観点からも支持できる。レンブラントやフェルメールの絵のなかにも、湯たんぽ（西洋では「フット・ウォーマー」）が登場している。「牛乳を注ぐ女」なんてだれもが見たことある絵なのに、右下にある湯たんぽの存在に気づいた人はほとんどいないだろう。先生は、なぜか絵画史についても詳しい。

２０１０年「Ⅳ」では、素材と加工という観点から、江戸初期と明治初期の湯たんぽの制作過程、つまり「どうやって作ったのか」をより詳細に明らかにした。「I」でも紹介されていた家康の湯たんぽは、実はお酒を入れる徳利に形状が近く、徳利に湯を入れて暖をとる文化もあったことから、徳利の派生種として湯たんぽを位置づけたりもしていた。

そして、定年となった2011年、最後の論文では「正岡子規の俳句を通して」という副題の通り、市井の生活を活写し、親しみ深い対象を詠んだ子規が、明治18年から明治35年の間に詠んだ句、およそ2万3600句のなかから、暖房器具を季語にした句103句を集め、そのなかで湯たんぽの登場がどのあたりの年代に固まっているかを調査したという、まさに事情を知らない人にはなんのこっちゃの、最高の研究報告をなさっていた。もはや文学研究じゃん。巨人は軽々と、ジャンルを横断する。

湯たんぽ、こたつ、火鉢、火桶、懐炉、暖炉、囲炉裏、ストーブ……etc.。暖房という観点からも、熱源や形状、用途の違いによってさまざまな種類に分類される。まずはこのように暖房器具を一覧したうえで、湯たんぽを位置づけるという視野の広さである。家族からしてみたら、ホントになにやってんだこの人、ということだろう。

アトリエには、あの5連作の論文に写真で出てきた湯たんぽ群が、ところ狭しと並べられていた。うっかりしていると見落としがちなのだが、論文中の写真の所蔵情報に、「筆者蔵」というのがいくつも出てきていた。要するに、自分で買ったということである。全国の古道具屋、そして窯元でも、「これはなんのために作られていたものか？　花瓶？」と、用途がわからず売りにだされていた例も多いらしい。湯たんぽというジャンル自体が、骨董業界でも先生が第一人者らしい。ひとつひとつ直接足を運び、古道具屋との情報網を作ったうえで、入手してきた先生の年月と苦労のたまものである。完全に湯たんぽマジックの術中にいる私には、目の前に広がるオールスター夢の競演なので興奮を抑えられない。先生もその熱気を感じてか、熱心に湯たんぽの説明をしてくださった。

なかでも印象深いのは、家光の湯たんぽについてである。犬の形をした銅器であったゆえに、お犬様で有名な五代将軍綱吉のものとされていたが、先生が絵を見てこれは湯たんぽではないかと推察、こういうのがあるんですよと、湯たんぽには微塵《みじん》も興味のないゼミ生に湯たんぽ講義をしていたところ、「この絵を見たことがある」という学生に遭遇。よく聞くと、その学生が小学生のとき、四谷大塚という塾で歴史の授業を受けていたとき、資料で見たという。ここが伊藤先生のすごいところなのだが、先生はその四谷大塚の講師を探し出し、その絵に描かれている銅器が、どこにあるものなのかを問い合わせているのである。そして、日光の輪王寺《りんのうじ》にあるらしいことを突き止めると、直接輪王寺に行き、ブツを見せてもらうようにお願いする。この地の果てまでも知りたいものを求めて知りにいく、という「粘着性」こそが研究者の本質であろう。実物を見たときの興奮は、どんなに淡々と語っていても、笑顔になって溢《あふ》れてくる。先生、大興奮である。

説明を受けている途中、奥様がお茶とお菓子を運んできてくださる。私は、「奥様は、どの湯たんぽがすきですか?」と聞くと、奥様は黙って首を横にふっただけだった。それ以上はツッコめなかった。これだけの男を興奮させるものであっても、やはり家族にも、そして大学にも理解者がいない。こういう人はもっと評価をされなければならない。なぜなら、だれかが喜ぶからとか、役に立つからとか、そういう「不純」な動機で研究をしているわけではないからだ。これはもはや人間の「業」なのである。純度の高い「ボケ」なのだ。貴重である。

## 伊藤紀之の正体

なぜ湯たんぽにたどり着いたのか。やはりこの疑問は晴らさないといけない。

この疑問に答えるためには、伊藤紀之先生の研究者としての人生を振り返る必要がある。以下はご本人に直接聞いたもの、そしてご本人の著作などを拝見してまとめたものである。やや湯たんぽからそれる話だが、結果としてすべて湯たんぽにつながっているので、是非知っておいてもらいたい。

伊藤先生は、その昔、大学卒業後に東芝で工業デザイナーをやっており、ニューヨークでも働いていた、実は今でいう「バリバリのおしゃれ」な職業についていた人だった。この時点でそうとう意外なのであるが、先生の仕事で有名なのは、富士フイルムのバレーボールチームのユニフォームのデザインをしていたり（川合とかが着ていたやつである！）、ファッションブランド「SHIPS」のロゴのデザインをしていたり（あのSHIPSを湯たんぽ探偵がデザインしていたなんて！）、鍋なども収納できる、食器乾燥機をデザインしたり。マジでか、おいすごい人じゃないかと、さすがにここまで読んでくださった諸兄も、その実力を認めざるを得ないであろう。

もっというと、「家政学」というジャンルの中で「生活デザイン」を定義した人物のひとりであり、デザインを家政学という位置づけで学問的にとらえようとした最初の世代なのである。「○○学」という成立に携わっている先生がいるというのが、この世代の研究者のすごいところである。

また、国際浮世絵学会の理事でもあり、浮世絵も300点ほどのコレクションがある浮世絵博士でもあった！　自宅に鳥居清長、勝川春潮、葛飾北斎や歌川広重の浮世絵があったりするのだ。しかしおもしろいのは、その浮世絵の集め方である。浮世絵というと、絵師で集めるのかなあと素人なら考えるかもしれないが、先生は「飛鳥山」というモチーフを描いた浮世絵だけを集めている、日本でも唯一の人なのだ。つまり、「おなじ対象を別の人が描いたらどうなるのか」、あるいは「別角度から描いたらどうなるのか」ということに興味があるというのだ。

生活のデザインだけではなく、絵画にも詳しいというのは、西洋絵画における湯たんぽの描写を一覧した「湯たんぽの形態成立とその変化に関する考察Ⅲ」でも知っていたが、まさか浮世絵コレクターでもあったとは！　しかも理事って！　美術史や絵画史の研究をしている人ならいざ知らず、家政学の先生がこれほどまでに詳しいとは少し意外である。

さらに、先生はファッション・プレートという西洋の女性のファッションを描いたものの収集の第一人者でもある。ファッション・プレートというのは、「これからくるであろうファッション情報を伝えるための図版」であり、18世紀英国、またフランスの服装を活写している資料であり、19世紀に爛熟期《らんじゅくき》を迎え、20世紀になると雑誌などが台頭することで消えていった、「おしゃれの手彩色版画」である。今でいう、ファッション誌だ。先生は『ファッション・プレートへのいざない』(フジアート出版)という書籍も出版している。そしてその冒頭で、ファッション・プレートに出会ったキッカケを、次のように述べている。

1977年秋、ICSID（国際工業デザイン団体協議会）の会議出席のためアイルランドのダブリンへ行った。会議場の近くの1軒の古道具屋へたまたま入り、店の奥に古新聞や古雑誌の束があるのを見つけた。ひっくりかえしていると表紙は取れていたが革装の立派な本が出てきた。エングレービングの版画図版が100葉ほどとじ込まれていた……

お気づきであろうか。初犯ではなかったのだ。学会で訪れた場所の、古道具屋に「たまたま」入ったという話、まさに後年出会う湯たんぽとおなじ出会い方なのである。この男、懲りていないのだ。

ファッション・プレートのデザインと存在に猛烈に惹かれていった先生は、瞬く間に「ファッション・プレートオタク」となるわけだが、浮世絵と同様、これらの収集などで培った技術が、すべて湯たんぽ研究に結集しているのである。

また、先生の学者としてのプライドを感じさせる逸話もある。38歳の若さで夭折した天才画家「靉光《あいみつ》」の大正十五年の油絵を持っている、とおっしゃるのだ。ふとしたきっかけで入手したその絵が、真筆であることを証明するために、靉光を研究する学芸員に相談したところ、これは同時期に描かれたものがないから判断できない、と返答されたことから、あらゆる証拠を集めて、その絵が真筆であることの証明を試みている（まだ認められていない。一度結論を出すと、いかにれっきとした証拠を出しても、ひっくり返さないのが学芸員の体質らしい）。

ここまで読んでおわかりだろうが、先生が着手する研究対象は、まだほかの人に「掘られていないもの」であったり、「ほかの人にない観点で整理できるもの」である。これは、先人の研究成果を尊重しつつ、必ず新しいこと、まだ手つかずなこと、謎があるもの、そういったものを研究するという研究者の姿勢から、自然と生まれているのだ。

そして、デザイナーを経て、学者としてありとあらゆるものを研究し、また開発してきた家政学の第一人者が、現役の教員として最後の10年をささげたのが、まだ国内でもちゃんと体系化されておらず、それでいて東洋、西洋の美術史の知識と、デザイン研究で培った知見を活かせた、古道具屋でさえもそのジャンルに気づかなかった「湯たんぽ」だったのである。

ファッション・プレートにせよ、湯たんぽにせよ、本人は「たまたま」古道具屋に入ったと書いているが、おそらくは時間のあるとき、地方や海外では何度となく古道具屋に入っていたにちがいない。そうして、何十回何百回とアンテナを張り続けて、ある1回に、自分の興味のアンテナと学術的価値がバッチリはまる研究対象に出会う。ある種、湯たんぽとの出会いは、伊藤先生にとって必然だったのだろうと私は思うのだ。

そんな先生に、「湯たんぽの魅力とは？」という、非常に単純かつ答えがなさそうな質問を、バカのふりをしてうかがった。そうして、かえってきたのが、

「同一の機能で、多彩なバリエーションがあるところ」

という答えである。深い。深すぎて、ピンとこない人もいるかもしれない。

たしかに、湯たんぽは、そういわれてみると、日本全国の窯で焼かれているらしく、ものすごいバリエーションがある。細長いものから、三角形に近いもの、軽いもの、30リットルも入る大きなもの、水を出し入れする口の位置など、それはそれはいろんなバリエーションが湯たんぽにはある。

「大量生産の過程を経るとデザインは、かならずファッション化の道をたどる」

とは、先生の書き物のなかに出てくる一説である。

これは、湯たんぽ、ひいては家政学ならずとも、すべてのジャンルにいえることではあるまいか。

消費されていくものは、同一の機能であるものでも、さまざまなバリエーションを有している。それはファッション化なのだ、と。携帯電話、スマートフォン、パソコン、イヤフォン、車、自転車、バイク、システムキッチン、掃除機、新聞……この世で人間が生産し消費するもの、そのすべてがそうなのである。同一の機能で、多彩なバリエーション、という答えには、そういう真意があった。
むろん、先生は工業デザイナーとして、すでにテレビ、冷蔵庫、洗濯機、扇風機や掃除機、システムキッチンなどのデザインも手掛けていらっしゃる。そして、研究もなさっている。が、まだ手つかずで残っているジャンルを探し出すのは、一番難しい。学問とは、「問いに学ぶ」であるから、問いを探し出すのが一番難しいのである。こうして、先生がたどりついたのが、「湯たんぽ」なのであった。

同一の機能で、多彩なバリエーション、これはすべての学問に通じるものである。お笑いにも通じる「おなじお題で、いろんなバリエーションのボケ」という大喜利的なものに近いかなとすら思うのだ。私も、趣味で国語辞典を集めているが、なぜかといえばまさに、コレだったのである。人は、「そんなに小さい違いにムキになって」という。しかし、違いに「大きい」や「小さい」はない。違っている、ということがすでに大きい事実なのだ。

先生はしかも、「歴史の一時代に確実に存在していて、まだだれの手にも触れられていないもの」をちゃんと選んだということである。世界的に湯たんぽを探索し、また他の暖房器具との比較を通し、この研究をひとつの学問の終着点としたのである。

一番興味深いのは、その一連の湯たんぽ研究を経て、自分で「理想の湯たんぽ」を作っている点だ。

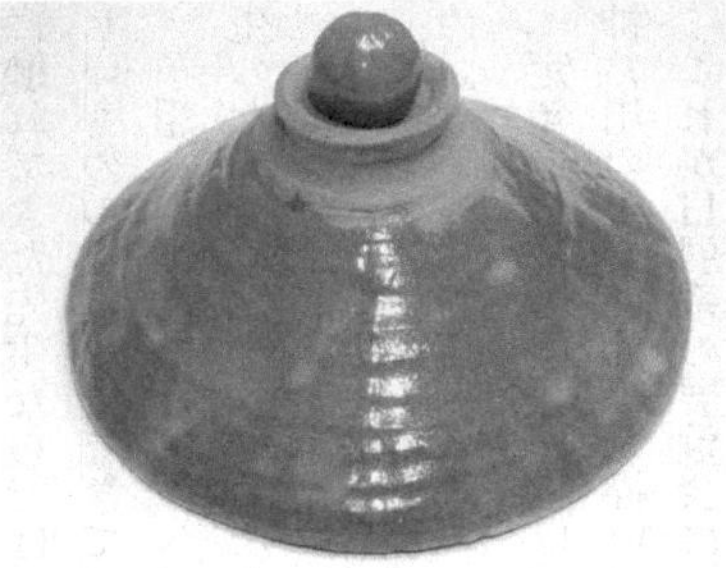
先生自作の湯たんぽ

先生は、湯たんぽを入手すると、かならず自分で使ってみた。何時に何度のお湯を入れると、翌朝の何時には何度になっているか、計測し、データを残した。そして、お湯が冷めにくい形状について思考をめぐらし、ついに、タジン鍋型の湯たんぽを作ったのであった。先生によると、この形が一番熱が逃げないらしい。デザインは別として、機能面からいえば、ベスト湯たんぽなのだそうだ。

研究、分析、分類、考察、新しいものの開発という、この一連の流れは、まさに学問の極みである。

工業デザイナーとして、人々が実際に使うものに触れてきた先生ならではといったところかもしれないが、新たな謎まで見つけ、新しいものの提案までできてはじめて、学問は本懐を遂げる。

予想もつかない人生のスゴロクを送ってきたように見えるかもしれないが、伊藤先生のなかでは、すべてつながっているのである。

こうして、先生との対面は、およそ4時間、あっという間に過ぎていた。

定年退職後の伊藤先生は、いまは研究のかたわら、休暇を利用し、靉光が描いた石神井川の風景の油絵を描いている。

これが日展系の展覧会に入選したらしい。

小説も書いている。

多趣味すぎるよ!

知的好奇心の熱は、湯たんぽ同様、なかなか冷めない。

象の背中は、大きい。

これが現時点での、湯たんぽ異聞である。

伊藤先生

# あとがき

多くの人は「論文とは正しいことを言うものである」と思っているのではないだろうか？

もちろん、研究している本人は正しいことを追い求めて、正しいことを書こうとしているわけだが、そもそも研究とは「よくわからないこと」や「感覚的にはわかっているけど、実際には証拠がないこと」を、なんとかしてわかろうとすることなので、半世紀、いや10年後には「あれはまちがいだった」と言われる日がくるかもしれない。教科書に載っていることや本に書いてあることも、まちがいだったということがよくある。

せっかくの研究がまちがいかもしれない。それでは人はなぜ研究を続けるのだろう？

大学全入時代になって久しいが、大学の学部生までの勉強は、ほぼ「確定しているっぽいこと」を覚える、という作業でしかないので、学部卒で社会に出る人はあまり学問の本当の面白さに触れないで終わってしまうことが多い。これは残念なことである。

学問の面白さは「わからないこと」にどう立ち向かうか、という点にある。立ち向かうときに知識がどうしても必要なので、それまでの「覚える」作業も体力作りとして必要なのだが、そうなると、人は22歳くらいまではずっと「基礎練習」をしていることになる。つまり、「試合」の面白さを知らずに終わるのだ。最近では卒業論文すら書かなくても卒業できる大学も増えたので、ひたすら「ほぼ」確定していることを覚える、というのが学問だと誤解している人もいる。

しかし、この本で紹介したように、論文や研究というものは、非常に身近なテーマでも、そして役に立たないものでも、立派に成立する。

研究とはエンターテイメント、これが私の主張である。なにより研究している本人が一番ノリノリで興奮しているのだ。さらに、同志もいると、偉大な謎の前に、ああだこうだ考えながら、議論を交わす「プロセス」と、「結果」の面白さが、そこにはあるのだ。

答えを暗記するのではなくて、問いを立て、問いに学ぶ。

テストを解く側ではなく、一度でも作る側にまわってみたら、見える風景は全然違うのだ。

そして研究はどこでもできる。大学に所属していなくてもできる。私の祖父は奈良で仏像の研究をしていて本まで出しているが、金銭的に余裕がなかったため一介の銀行員として働く傍ら、インディーで活動していた（このことは続編『もっとヘンな論文』で紹介しました）。東京にいたもうひとりの祖父も外国語と外国文学を熱心に研究していたが、やはり金銭的に余裕がなく銀行員として働きながら趣味的に、だれからお願いされたわけでもないのに、黙々とそれを続けていた。なんらかの学会に所属していれば、論文は投稿できるし、目的意識を共有する同志もできる。大学の先生だって授業をする傍ら、ひっそりと研究を続けているに過ぎない。研究とはアマチュアリズムが本道なのである。

地道に地道に、少しずつわかったことを積み重ねていって、確実かつ新しいことが言えたなら、こんなに楽しいことはない。それを味わうために、だれに理解されなくても、コツコツ研究を続けている人たちがいる。この本で紹介した論文と先生たちは、そういう「純度の高い」ものであることは言うまでもない。

近年では、実験結果のねつ造や盗用が問題になったが、むろん言語道断である。とはいえ、論文がまちがっていたことに目くじらを立ててはいけない。まちがったことを言っている論文はたくさんある。なにせ「わからないもの」をどうにか「ここまではわかりました」と報告するのが、論文だから。説を検討して、結局まちがっていた、ということがわかるだけでも価値がある。

湯たんぽの伊藤先生との物語には、まだ続編がある。

先生との邂逅を、いろいろなところでご紹介していると、不思議なもので、それにまつわる情報というものが、黙っていても勝手に集まってくる。私のところにも、湯たんぽ情報が届くようになっていた。

しかし、伊藤先生は、ある日を境に、湯たんぽについて完全に沈黙をしてしまったのである。

先生からある日「もう湯たんぽ研究をまとめた本を出版するのをやめます」というメールが届いた。私がなにかひどいことをしたのかと思い、なにが起こったのか聞くと、どうやら、とある自治体で主催する展覧会、そのパンフレットの図版として使用されているのが、先生が著作で紹介してきたものばかりだというのだ。

その展覧会では、先生が見出した研究結果が、あたかも公知のものとして扱われていた。解説者におさまっている某氏は先生が湯たんぽ研究に着手したころに出会った人物だ。その時先生は研究の経緯を説明した。それから間もなく、某湯たんぽメーカーの冊子を見て驚いた。そこには先生の研究結果が出典も示さず書かれていた。そのことが契機となって先生は研究経緯を正確に示すために研究紀要にまとめられたという。当然のことながら研究とは先行研究とともに、資料、参考文献、引用文献を明らかにしながら、考察した結果を示すことである。研究のルールを知ってもらうために、その人物にその論文を送ったのだ。ところが先生の意を解せず、今度はその研究結果をその湯たんぽ展で引用していた。図録の参考文献の末尾に論文名は記載されていたが、参考ではなく無断引用である。問題なのは、こういう人物がいることもさることながら、よく事情を知らないがゆえに、調べもせずにこういう人物を起用してしまう側にもある。今回はそれが自治体であることも問題だ。

研究だけを切り取ってみても、10年以上、しかしその研究に至るまでを考えれば、半生をかけて調査したものといっても過言ではないものを、コピペして我が物にしてしまう人がいる。数十年を、数分で我が物にできてしまう。それが、ルールを知らない人たちなのである。

メディアでも、研究のプロセスではなく、結果だけをかすめ取ろうとする人たちがいる。結果だけの紹介に、いったいなんの意味があるのだろうか。論文を書いた人がなにを考えたのか、どういう目的意識なのか、「人」に焦点を当てないと、結果の解釈だって変わってくるというのに。

世の中のほとんどの人が、だれが最初に言い出したことなのか、どういう専門家がいるのか、そんなことは知らないし、自分で調べようともしない。そんなことよりも、声の大きい人が、自分の手柄にしてしまい、人々はそれを鵜呑《うの》みにしてしまうという構図が、ここに象徴されているように思う。

私も経験したことがある。研究成果を広く知らしめたいと外に出る人は、それを泥棒されることもよくあるのだ。

先生の怒りは悲しみへと変わった。彼と争うつもりはなく、そんな時間があるなら、まだ研究したいことが山のようにあるのだろう。こうして、先生は沈黙している。今後は、どのメディアに呼ばれても、タツオさんの紹介でしか出るつもりはない、というお言葉をいただいた。ぜひ、先生の「湯たんぽ研究」を書籍にし、またいかに奇天烈でありながら偉大な研究なのかを世に広めていくか、それがいまの私の使命だと思っている。

伊藤先生は、現在は、共立女子大学の名誉教授。つい最近も先生の編著による『生活デザインの体系』(三共出版)のコピペの論文がある、と教え子から連絡があった。著者は論文に慣れていない学生ではなく、某大学教授、論文の副題は「コンピュータ時代のデザイン」、そんなことはコンピュータ時代にはすぐわかってしまうことである。その論文の参考文献、引用文献にも先生の文献には触れていない。言葉を失ったという。先生の業績は世間知らずな声の大きい者によって、他人のものに書き換えられようとしている。

こんなことがあってはならない。

珍論文には、役得がないかわりに、純度の高い情熱が詰まっている。研究は長らく「人」に焦点を当ててこなかった。この本ではなるべく、論文の内容だけではなく、それを書いた人がいて、その人もみなさんとおなじ人間なんだ、ということをリアルに感じ取ってもらいたいということを意識して書いた。

「あっちにヘンな人がいる」という笑いもいいのだが、この本を読んで、「あっち側」の人の気持ちを理解し、「あっち側」の視点に立って、いままでいた「こっち側」の風景を見たときの面白さを、少しでも感じ取ってくれた人がいたらこんなにうれしいことはない。

趣味でやっていた論文収集を発表する場を与えてくれたTBSラジオ『荒川強啓デイ・キャッチ！』の長田ゆきえプロデューサー、メルマガでお世話になった光文社の森岡さん、この本を世に出してくれた角川学芸出版の麻田江里子さん、そしてバックアップしてくださった白井奈津子さん、本当にありがとうございます！

そして、論文を紹介しても怒らず、逆に感謝さえしてくれた先生方、引用を許可してくださった先生方と学会の方々、誠にありがとうございます。

「ヘンな論文」の研究、これは私のライフワークなので、可能な限り紹介し続けていきたいと思います。

これを読んでくださった人が少しでも、論文や研究がおカタくて難しい、つまらない、といったイメージを払拭してくれたら、こんなに素敵なことはありません。

二〇一五年三月

サンキュータツオ

# 文庫版あとがき

思っていたよりも最初の『ヘンな論文』が売れたようです。買ってくださった読者の皆さんのおかげで、続編である『もっとヘンな論文』も出版することができました。そしてこうして『ヘンな論文』が文庫化されました。

文庫版ではじめて私の本を読んでくださった方、はじめまして。ありがとうございます。

紙面が限られているので近況をいくつか。

「あとがき」で触れている湯たんぽの伊藤紀之《いとうのりゆき》先生の論文盗用問題ですが、正式に謝罪があったそうで先方はきちんと認めてくださったそうです。このことを「あとがき」からも消さず、「文庫版あとがき」にも書くのは、盗用は絶対に許されないことだし、なかったことにできないことだからです。図版を使いまくっている湯たんぽ研究者の問題はまだ片付いていないようです。

どなたか、伊藤紀之先生の研究をまとめる出版社の方いませんか。図版多数で歴史上に残ることまちがいなしです。大宣伝に協力します。先生は現在もお元気です。もしいらしたら連絡をください。

「コーヒーカップとスプーンの接触音の音程変化」の塚本《つかもと》先生は、大学への転職の際、面接で、この『ヘンな論文』を紹介してくださったそうです。ありがたいです。よくぞ大学側も採用したものです。

ありがたいことに、本書は大学教員、また中学高校の先生方からも褒めていただくことがあります。いや、そこまでのもんじゃないんだけど……と、扱っているものがほかの研究者の論文である手前、大声でも言えないのですけど、それでも学生さんたちが楽しみながら学問の匂いだけでも嗅《か》ぐ機会になればと思い書いたので、学校で紹介してもらったり生協に置いてもらったりしていることは非常にうれしいです。初年度教育の教科書にしている先生もいらっしゃるそうです。本を紹介しあう「ビブリオバトル」でも、よく取り上げてくださる学生さんがいてくれて、うれしいです。

それぞれに紹介の仕方もちがうだろうし、ひとりひとりがどう受け取めたかは、知りたいですね。

講演もどしどし受け付けてますよ。『情報処理学会』という学会からも講演の依頼をいただき、先生方の前で「みなさんの雑誌に載ってるこの論文、ヘンですね。著者の方の指導教授はどなたでしょうか」みたいなやりとりもあって盛り上がりました。

中学生、高校生の読者も全国にいるようで、思っていた以上に多くの人に楽しんでもらえたようでなによりです。これからも論文ハントはやめません。

文庫化にあたりご尽力くださったKADOKAWAの麻田江里子さん、そして文庫化にふみきってくれたKADOKAWAさん、素敵な表紙にしてくれたイラストレーターの岡田丈さん、デザイナーの國枝達也さん、ありがとう！

今日もどこかで論文を書いている人がいます。そんな先生方のおかげです。感謝です。あなたの努力は決して無駄ではありません。いや、無駄なほうが私には無駄になりません。

続編『もっとヘンな論文』は、本書でちょくちょく触れたアマチュアリズムが裏テーマとなっています。良かったら手に取ってみてくださいね。

学問は、相変わらず面白いです。

二〇一七年一一月

サンキュータツオ

本書は、二〇一五年三月に小社より刊行した『ヘンな論文』を改訂の上、文庫化したものです。

# ヘンな論《ろん》文《ぶん》

サンキュータツオ

平成29年 11月25日　初版発行
令和７年 ５月10日　13版発行

発行者●山下直久

発行●株式会社KADOKAWA
〒102-8177　東京都千代田区富士見2-13-3
電話　0570-002-301（ナビダイヤル）

角川文庫 20638

印刷所●株式会社KADOKAWA
製本所●株式会社KADOKAWA

表紙画●和田三造



●お問い合わせ
https://www.kadokawa.co.jp/（「お問い合わせ」へお進みください）
※内容によっては、お答えできない場合があります。
※サポートは日本国内のみとさせていただきます。
※Japanese text only


ISBN978-4-04-400334-0　C0195

# 角川文庫発刊に際して

角川源義

第二次世界大戦の敗北は、軍事力の敗北であった以上に、私たちの若い文化力の敗退であった。私たちの文化が戦争に対して如何に無力であり、単なるあだ花に過ぎなかったかを、私たちは身を以て体験し痛感した。西洋近代文化の摂取にとって、明治以後八十年の歳月は決して短かすぎたとは言えない。にもかかわらず、近代文化の伝統を確立し、自由な批判と柔軟な良識に富む文化層として自らを形成することに私たちは失敗して来た。そしてこれは、各層への文化の普及滲透を任務とする出版人の責任でもあった。

一九四五年以来、私たちは再び振出しに戻り、第一歩から踏み出すことを余儀なくされた。これは大きな不幸ではあるが、反面、これまでの混沌・未熟・歪曲の中にあった我が国の文化に秩序と確たる基礎を齎らすためには絶好の機会でもある。角川書店は、このような祖国の文化的危機にあたり、微力をも顧みず再建の礎石たるべき抱負と決意とをもって出発したが、ここに創立以来の念願を果すべく角川文庫を発刊する。これまで刊行されたあらゆる全集叢書文庫類の長所と短所とを検討し、古今東西の不朽の典籍を、良心的編集のもとに、廉価に、そして書架にふさわしい美本として、多くのひとびとに提供しようとする。しかし私たちは徒らに百科全書的な知識のジレッタントを作ることを目的とせず、あくまで祖国の文化に秩序と再建への道を示し、この文庫を角川書店の栄ある事業として、今後永久に継続発展せしめ、学芸と教養との殿堂として大成せんことを期したい。多くの読書子の愛情ある忠言と支持とによって、この希望と抱負とを完遂せしめられんことを願う。

一九四九年五月三日

# 角川文庫ベストセラー

**学校では教えてくれない！国語辞典の遊び方**　サンキュータツオ

芸人ならではの切り口で、代表的な国語辞典を例にとりながら、語数、品詞、デザイン、歴史、用例、語釈などから辞書の魅力や違いを多面的に紹介。あなたの知らないディープな辞書の魅力を味わえる一冊！

**見仏記**　いとうせいこう　みうらじゅん

幼少時から仏像好きのみうらじゅんが、仏友・いとうせいこうを巻き込んだ、"見仏"の旅スタート！　数々の仏像に心奪われ、みやげ物にも目を光らせる。仏像ブームの元祖、抱腹絶倒の見仏記シリーズ第一弾。

**見仏記2**　仏友篇　いとうせいこう　みうらじゅん

見仏コンビの仏像めぐりの旅日記、第二弾！　四国でオヘンローラーになり、佐渡で親鸞に思いを馳せる。ふと我に返ると、気づくは男子二人旅の怪しさよ……。ますます深まる友情と、仏像を愛する心。

**見仏記3**　海外篇　いとうせいこう　みうらじゅん

見仏熱が高じて、とうとう海外へ足を運んだ見仏コンビ。韓国、タイ、中国、インド、そこで見た仏像たちが二人に語りかけてきたこととは……。常識人なら絶対やらない過酷ツアーを、仏像のためだけに敢行！

**見仏記4**　親孝行篇　いとうせいこう　みうらじゅん

ひょんなことから、それぞれの両親と見仏をする「親見仏」が実現。親も一緒ではハプニング続き。ときに盛り上げ、ときに親子げんかの仲裁に入る。いつしか仏像もそっちのけ、親孝行の意味を問う旅に……。

# 角川文庫ベストセラー